W0040100

Theodor Fontane

Wenn die ganze Stadt voll Lichter ist

Weihnachtsspruch 1861

Sei heiter!
Es ist gescheiter
als alles Gegrübel; –
Gott hilft weiter,
zur Himmelsleiter
werden die Übel.

THEODOR FONTANE

Wenn die ganze Stadt voll Lichter ist

voll Lichter ist

Eine poetische Weihnachtsgabe

benno

Bibliografische Information der Deutschen Nationalbibliothek
Die Deutsche Nationalbibliothek verzeichnet diese
Publikation in der Deutschen Nationalbibliografie;
detaillierte bibliografische Daten sind im Internet unter
http://dnb.d-nb.de abrufbar.

Besuchen Sie uns im Internet:
www.st-benno.de

Gern informieren wir Sie unverbindlich und aktuell
auch in unserem Newsletter zum Verlagsprogramm,
zu Neuerscheinungen und Aktionen.
Einfach anmelden unter www.st-benno.de

ISBN 978-3-7462-5490-6

© St. Benno Verlag GmbH, Leipzig
Zusammenstellung: Volker Bauch, Gößnitz
Umschlaggestaltung: Rungwerth Design, Düsseldorf
Umschlagmotiv: © Archivist/Fotolia
Gesamtherstellung: Kontext, Dresden (A)

Inhaltsverzeichnis

ALLES *still* UND *schneebedeckt*

Alles still!
dem Auge zeigen,
schneebedeckt,
sich Wald und Flur,
und darüber thront
das Schweigen,
und der
Sternenhimmel
nur.

Alles Still!

Alles still! dem Auge zeigen,
schneebedeckt, sich Wald und Flur,
und darüber thront das Schweigen,
und der Sternenhimmel nur.

Alles still! vergeblich lauschet
man der Dohle heisrem Schrei,
keiner Fichte Wipfel rauschet,
und kein Bächlein summt vorbei.

Alles still! die fernen Hütten
sind wie Gräber anzusehn,
die, von Schnee bedeckt, inmitten
eines schlichten Friedhofs stehn.

Alles still! und ach, dem Schweigen
schaut mein Herz wie neidisch zu;
würde bald auch ihm zu eigen
solche tiefe, tiefe Ruh.

Spätherbst

Schon mischt sich Rot in der Blätter Grün,
Reseden und Astern sind im Verblühn,
die Trauben geschnitten, der Hafer gemäht,
der Herbst ist da, das Jahr wird spät.

Und doch (ob Herbst auch) die Sonne glüht –
weg drum mit der Schwermut ans deinem Gemüt!
banne die Sorge, genieße, was frommt,
eh' Stille, Schnee und Winter kommt.

Glück, von deinen tausend Losen

Glück, von deinen tausend Losen
eines nur erwähl' ich mir
Was soll Gold? Ich liebe Rosen
und der Blumen schlichte Zier

Und ich höre Waldesrauschen
und ich seh' ein flatternd Band

Glück, von deinen tausend Losen
eines nur erwähl' ich mir
Was soll Gold? Ich liebe Rosen

Aug' in Auge Blicke tauschen
und ein Kuss auf deine Hand
Geben nehmen, nehmen geben
und dein Haar umspielt der Wind

Ach, nur das, nur das ist Leben
wo sich Herz zum Herzen find't

Glück, von deinen tausend Losen
eines nur erwähl' ich mir
Was soll Gold?
Was soll Gold?
Was soll Gold?
Ich liebe Rosen

Der erste Schnee

Herbstsonnenschein. Des Winters Näh
verrät ein Flockenpaar;
es gleicht das erste Flöckchen Schnee
dem ersten weißen Haar.

Noch wird – wie wohl von lieber Hand
der erste Schnee dem Haupt –
so auch der erste Schnee dem Land
vom Sonnenstrahl geraubt.

Doch habet acht! mit einem Mal
ist Haupt und Erde weiß,
und Liebeshand und Sonnenstrahl
sich nicht zu helfen weiß.

Schneefeuer

Hilde lebte sich ein, und es waren glückliche, helle Tage, so hell wie der Schnee, der draußen lag. Alle Morgen musste Martin in die Schule, zweimal auch zu Sörgel, aber wenn er dann eine Stunde vor Essen wiederkam und seine Mappe mit der Schiefertafel in das Brotschapp gestellt hatte, so ging es mit der ihn schon erwartenden Hilde rasch in die Winterfreude hinaus, die jeden Tag eine andere wurde. Die größte aber war, als sie sich auf dem Hofe eine Schneehütte gebaut und die Höhle darin mit Stroh und Heu ausgepolstert hatten. Da saßen sie halbe Stunden lang, sprachen kein Wort und hielten sich nur bei den Händen. Und Martin sagte, sie seien verzaubert und säßen in ihrem Schloss, und der Riese draußen ließe niemand ein. Dieser Riese aber war ein Schneemann, dem Joost eine Perücke von Hobelspänen aufgesetzt und anfänglich ein Schwert in die Hand gegeben hatte, bis einige Tage später aus dem Schwert ein Besen und mit Hilfe dieses Tausches aus dem Riesen selbst ein Knecht Ruprecht geworden war. Das war um die Mitte Dezember. Als aber bald danach die letzte Woche vor dem Fest anbrach, da fingen auch die Heimlichkeiten an, und Martin war stundenlang fort, ohne dass Hilde gewusst hätte, wo. Und wenn sie dann fragte, so hörte sie nur, er sei bei Sörgel oder bei Melcher Harms oder bei dem alten Drechsler Eickmeier, der in der Weihnachtszeit außer seinen Pfeifen und seinem Schwamm auch noch Bilderbogen verkaufte. Mehr aber konnte niemand sagen, und erst am Heiligabende selbst musste der Geheimnisvolltuende von seinem Geheimnis lassen, um sich ebenso der Zustimmung des Vaters wie der Hilfe Grissels zu versichern. Und diese letztere half denn auch wirklich und freute sich, dass es etwas Schönes werden würde, worüber ihr keinen Augenblick ein Zweifel kam. Und als es nun dunkelte und drüben von der Kirche her die kleine Glocke zu läuten anfing, da war alles fertig, und der Heidereiter selbst führte Hilden in seine Stube, drin unter dem Christbaum neben anderen Geschenken auch die ganze Stadt Bethlehem mit all ihren Hirten und Engeln aufgebaut worden war. Alles leuchtete hell, weil hinter dem geölten Papier eine ganze Zahl kleiner Lichter brannte; am hellsten aber leuchtete der Stern, der über dem Kripplein und dem Jesuskinde stand. Hilde konnte sich nicht satt sehen daran, und als endlich der Lichterglanz in der Stadt Bethlehem erloschen war, trat sie vor den Heidereiter hin, um ihm für alles, was ihr der Heilige Christ beschert hatte, zu danken.

»Und nun sage mir«, sagte dieser, »was hat dir am besten gefallen?«

Sie wies auf die Stadt.

»Dacht' ich's doch!«, lachte Baltzer Bocholt, »die Stadt! Aber die Stadt ist nicht von mir, Hilde, die hat dir der Martin aufgebaut und hat seine Sparbüchse geplündert. Und der alte Melcher Harms hat ihm geholfen, und alles, was in Holz geschnitzt ist und auf vier Beinen steht, das ist von ihm. Ja, das versteht er. Aber der Martin hat doch das Beste getan, und wenn du wem danken willst, so weißt du jetzt, wohin damit.«

Und dabei wies er auf Martin, der scheu neben dem Ofen stand.

Hilden selbst aber war alle Scheu geschwunden, und sie lief auf Martin zu und gab ihm einen herzhaften Kuss, *so* herzhaft, dass der alte Heidereiter ins Lachen kam und immer wiederholte: »Das ist recht, Hilde, das ist recht. Ihr sollt euch lieb haben, so recht von Herzen, und wie Bruder und Schwester. Ja, so will ich's, das hab' ich gern.«

Und danach ging es zu Tisch, und alle ließen sich den Weihnachtskarpfen schmecken und waren guter Dinge, nur Hilde nicht, die noch immer in fieberhafter Erregung nach dem dunkelgewordenen Bethlehem hinübersah und endlich froh war, als sie gute Nacht sagen und in die Giebelstube hinaufsteigen konnte. Hier stellte sie, was ihr unten beschert worden war, auf das oberste Brett ihres Schrankes und sagte zu Grissel, während sie den Binsenstuhl an das Bett derselben heranrückte: »Nun erzähle.«

»Wovon, Kind?«

»Von der Jungfrau Maria.«

»Und von dem Jesuskindlein?«

»Ja. Von dem Kindlein auch. Aber am liebsten von der Jungfrau Maria. War es seine Mutter?«

»Ach, du Herr des Himmels!«, entsetzte sich Grissel. »Hast du denn nie gelernt: ›Geboren von der Jungfrau Maria‹? Kind, Kind! Ach, und deine Mutter, die Muthe, hat sie dir denn nie das zweite Stück vorgesagt? Wie? Sage!«

»Sie hat mir immer nur ein Lied vorgesagt.«

»Und wovon?«

»Von einem jungen Grafen.«

»Und nichts von Gott und Christus? Und weißt auch nicht, was Weihnachten ist? Und bist am Ende gar nicht getauft? Und da lässt der Pastor dich umherlaufen, sagt nichts und fragt nichts, und der Böse geht um, und ist keiner, der ihm widerstände, der nicht den Glauben hat an Jesum Christum, unseren Herrn und Heiland. Ach, du mein armes Heidenkind! … Aber nimm dir ein Tuch und wickele dich ein, denn es ist kalt, und dann höre zu, was ich dir sagen will.«

Und Grissel erzählte nun von Joseph und Maria und von Bethlehem, und wie das Christkind allda geboren sei.

»Von der Jungfrau Maria?«

»Ja, von *der*. Denn das Kind, das sie gebar, das war nicht des

Josephs Kind, das war das Kind des Heiligen Geistes.«

Es war ersichtlich, dass Hilde nicht verstand und verlegen war. Aber sie wollte nicht weiter fragen und sagte nur: »Und wie kam es dann?«

»Ei, dann kam es so, wie du's heute gesehen hast und wie Martin und Joost es dir aufgebaut haben. Und meinetwegen auch der alte Melcher. Erst kam der Stern und stand über dem Hause still, und dann erschienen die Hirten, und zuletzt kamen die drei Könige von Morgenland und brachten Gold und Gaben und köstliche Gewänder, und alles war Licht und himmlische Musik, und der Himmel war offen, und die Engel Gottes stiegen auf und nieder. Und es war Freud' im Himmel und auf Erden, denn unser Heiland war geboren. Und dieser Geburtstag unseres Heilandes ist unser Weihnachtstag.«

Hildes Augen waren immer größer geworden, und sie sagte jetzt: »Ah, das ist schön und wird einem so weit! Erzähle mir immer mehr. Ich seh' es alles und höre die himmlische Musik, und dazwischen ist es wie Glockenläuten. Ernst und schwer. Und ist immer derselbe Ton …«

Indem aber hatte sich Grissel aufgerichtet, hielt ihre Hand ans Ohr und sagte: »Hilde, Kind, was ist das? … Immer *ein* Ton, freilich. Und immer derselbe … Das ist die Feuerglocke … Horch!«

Und sie war aus dem Bett gesprungen, warf ihren Friesrock über und sah hinaus. Aber im Dorfe war kein Feuerschein, und so lief sie nach der anderen Giebelstube hinüber, wo Martin schlief, und riss das Fenster auf. Und da sah sie die Glut, nicht unten im Tal, aber oben, und wenn nicht alles täuschte, so musst' es auf Kunerts-Kamp sein, hart am Walde, denn die Rückseite von Ellernklipp stand angeglüht im Widerschein. Und sie flog treppab, um den Heidereiter zu wecken. Aber der stand schon auf der Diele, den Hirschfänger an der Koppel, und rief ihr zu: »Meinen Hut; rasch! Verdammte Wirtschaft! Wer hat den Hut vom Ständer genommen?« – »Er hängt ja; weiß Gott, Baltzer, Ihr habt wieder Euren Koller und kein Aug' im Kopf. Hier.« Und er riss ihr den Hut aus der Hand. In der Tür aber wandt' er sich noch einmal zurück und sagte scharf und bestimmt: »Und dass du mir das Haus hütest, Grissel. Ich befehl' es. Ein Feuer wie das ist kein Küchenfeuer. Und Hilde soll ins Bett. Und Martin auch.«

Damit war er die Treppenstufen hinunter und ging auf Diegels Mühle zu, von der er dann, als auf dem nächsten Wege, nach Ellernklipp hinaufwollte.

Mittlerweile war auch Hilde die Treppe herabgekommen und stellte sich mit auf die zugige Diele, denn Vor- und Hintertür standen weit offen. Und nicht lange, so rollte von Emmerode her über den hartgetretenen Schnee die Dorfspritze heran. Allerhand junges Volk hatte sich vorgespannt, andere schoben, und Grissel, die bis auf die Vortreppe hinausgetreten war, fragte, wo es sei.

»Auf Kunerts-Kamp. Der Muthe Rochussen ihr Haus brennt.« Und damit ging es weiter. Aber ehe noch die Spritze zwischen den Erlen verschwunden war, erklärte Hilde, die jedes Wort gehört hatte, dass sie gehen und das Feuer sehen wolle.

»Du darfst nicht.«

Aber sie bat weiter, und als Grissel unerbittlich blieb, sagte sie:

»Gut, so geh' ich allein. Du wirst mich doch nicht halten wollen?« Und damit lief sie fort und kam erst zurück und beruhigte sich erst wieder, als ihr die bang und ängstlich nachstürzende Grissel ein Mal über das andere zugesichert hatte, sie nicht einsperren oder mit Gewalt festhalten, ihr vielmehr in allem zu Willen sein zu wollen. Und wirklich, sie hielt Wort; und als sie die vor Erregung immer noch zitternde Hilde wohl verwahrt und in ihre Weihnachtspelzkappe gesteckt hatte, gingen sie, rechts um das Haus biegend, einen mit lockerem Schnee gefüllten Graben hinauf, der unmittelbar neben dem Heckenzaun hin auf die Höhe zulief. Eine Zeitlang war es ihnen, als ob oben alles erloschen sei, denn sie sahen keinen Schein mehr. Aber kaum dass der anfänglich tiefe Graben etwas flacher gefroren war, so lag auch das Feuer vor ihnen, wie mit Händen zu greifen, und die Glutmasse wirbelte immer heftiger in die Höhe. Hilde stand wie gebannt. Endlich aber sagte sie: »Komm, wir wollen näher.«

Und damit hielten sie sich auf einen hohen Grenzstein zu, der zwischen Kunerts-Kamp und den Sieben Morgen lag und das verschneite Heidekraut weit überragte. Auf den stellten sie sich und sahen hinüber in die Flamme.

Die Spritze war schon da, trotzdem man sie stückweise hatte heraustragen müssen, aber Wasser fehlte. Denn der Ziehbrunnen, der zu dem Hause gehörte, lag schon im Bereiche des Feuers, und niemand konnte mehr heran. Es schien aber doch, als ob Wasser von irgendwoher erwartet werde, denn eine lange Kette hatte sich bis Ellernklipp hin aufgestellt, und nur der Heidereiter achtete weit mehr auf das, was an der entgegengesetzten

Seite vorging, weil er vor allem seinen Wald zu retten wünschte. Der lag freilich noch gute hundert Schritte zurück, aber gerade da, wo die Muthe gewohnt hatte, schob er eine lange Spitze vor, deren vorderstes Gezweig bereits bis über die Gartenzäunung hing. Es war klar, dass der Wald in äußerster Gefahr schwebte, wenn es nicht gelang, einen breiten Zwischenraum zu schaffen, und Baltzer Bocholt, der wohl erkannte, dass er um des Ganzen willen einen Einsatz nicht scheuen dürfe, wies jetzt, als er seine Holzschläger und Schindelspeller um sich versammelt sah, auf die Stelle hin, wo seiner Meinung nach, der Schnitt gemacht und die vorspringende Spitze von dem eigentlichen Gebreite des Waldes abgetrennt werden musste. »Vorwärts!« Und nicht lange, so hörte man den Schlag der Axt und das Krachen und Stürzen der Bäume, die, wenn kaum erst halb angeschlagen, an langen Stricken niedergerissen wurden. Und eine kleine Weile noch, so gab es auch Wasser oder doch die Gelegenheit dazu, denn aus dem Tale herauf, von Diegels Mühle her, erschien eben jetzt eine Schlittenschleife, die mit Schaufeln und Spaten, mit Eimern und Kesseln und überhaupt mit allem bepackt worden war, dessen man unten in der Eile hatte habhaft werden können; und während einige der Leute sofort sich anschickten, mit Stangen und Feuerhaken ein paar brennende Balken aus der Feuermasse herauszureißen, schleppten andere die Kessel, große und kleine, vom Schlitten her in die Glut und schippten den umherliegenden Schnee hinein. Und wieder andere waren, die hockten um die Kessel her und trugen den Schnee, wenn er geschmolzen, in Butten und Eimern an die nebenstehende Spritze, deren erster Strahl eben jetzt in die Glutmasse niederfiel.

Aber der Heidereiter, unschwer erkennend, dass an der Muthe Haus wenig gelegen und noch weniger zu retten war, schrie mit lauter Stimme dazwischen: »Unsinn! Hierher!« Und gehorsam seinem Kommando, packten alle, die zur Hand waren, nach der Spritzendeichsel und jagten über die verschneiten Baumstubben fort, bis sie dicht an der Waldecke hielten, an eben jener bedrohtesten Stelle, wo der angeglühte Schnee bereits von den Zweigen zu tropfen anfing.

Und Hilde starrte wie benommen in das mit jedem Augenblicke sich neugestaltende Bild, das, alles sonstigen Wechsels ungeachtet, in drei fest und unverändert bleibenden Farbenstufen vor ihr lag: am weitesten zurück die schwarze Schattenmasse des Waldes, *vor* dem Walde das Feuer und *vor* dem Feuer der Schnee. Über dem Ganzen aber der Sternenhimmel.

Und sie sah hinauf, und die Engel stiegen auf und nieder. Und es war wieder ein Singen und Klingen, und die Wirklichkeit der Dinge schwand ihr hin in Bild und Traum.

Und so stand sie noch, als sie drüben ein Rufen und Schreien hörte, vor dem ihr Traum zerrann, und als sie wieder hinblickte, sah sie, dass das brennende Haus in ein Wanken und Schwanken kam und im nächsten Augenblicke jäh zusammenstürzte.

Die Funken flogen himmelan und verloren sich in den Sternen. Eine Minute lang folgte sie noch wie geblendet dem Schauspiel, während sie zugleich das in die Höhe gerichtete Auge mit ihrer Hand zu schützen suchte. Dann aber ließ sie die Hand wieder fallen und sagte: »Komm, Grissel, mich friert. Und es ist nun alles vorbei.«

Aus der Novelle »Ellernklipp«

Erst ein Leibarzt diesen Winter

(1881)

Erst ein »Leibarzt« diesen Winter,
dann ein »Hausarzt« gleich dahinter,
ach, zwei Doktors ist zu viel;
aber leben wollen beide,
nun, Kritik, sprich aus, entscheide,
wer am besten dir gefiel?
Leibarzt muss zum Hausarzt schicken,
Hausarzt an dem Leibarzt flicken,
aber ach, es hilft nicht viel;
einer muss den andern haben,
um den andern zu begraben,
und »die Ruh« ist beider Ziel.

In Verlegenheit

Wie's scheint, so wechseln meine Rollen
dir gegenüber mit der Zeit;
auftrat ich mit: ‚Verhimmelnwollen',
dann übt' ich flüchtig mich im Schmollen,
jetzt spiel' ich die *Verlegenheit*.

Wenn ich an deiner Seite sitze,
wo bleibt die Zungenfertigkeit?
Wo bleiben meine schlechten Witze? –
Ich rede von der Zimmerhitze –
ist's möglich! aus Verlegenheit.

Du stickst – vielleicht ein Paar Pantoffel
für dein zukünftig Regiment;
ein Witz liegt nah, – und doch, ich Stoffel,
erzähl' dir, dass man die Kartoffel
jetzt frei von allem Fusel brennt.

Verlegenheit! ach, bis zum Weinen
hat heut sie wieder mich gequält,
als ich, mit meinen langen Beinen
hintrabend auf den Pflastersteinen
hier – diese Schätze ausgewählt.

Ein Weihnachtsmann mit vollen Händen,
so hätt' ich gerne dir beschert; –
ja, wenn die Sachen anders ständen!
Kaum angefangen, musst' ich enden,
denn ach, der Beutel war geleert.

Halt ein, o Lied, das sind Verstöße
ja gegen Takt und Schicklichkeit,
halt ein und gebe meiner Blöße
nicht eine lächerliche Größe
durch Worte – der Verlegenheit.

Noch ist Herbst nicht ganz entflohn

Noch ist Herbst
nicht ganz entflohn,
aber als Knecht Ruprecht
schon kommt der Winter
hergeschritten, und als-
bald aus Schnees Mitten
klingt des Schlitten-
glöckleins Ton.

Es wird eine Freude sein

Weihnachten rückte heran und schon die ganze Woche vorher hieß es: »Aber diesmal wird es eine Freude sein … so was Schönes«, und wenn ich dann mehr wissen wollte, setzte die gute Schröder hinzu: »Gerade was du dir gewünscht hast … Die Mama ist viel zu gut, denn eigentlich seid ihr doch bloß Rangen.«

»Aber was is es denn?«

»Abwarten.«

Und so, fieberhaft gespannt, sahen wir dem Heiligabend entgegen. Endlich war er da. Wie herkömmlich verbrachten wir die Stunde vor der eigentlichen Bescherung in dem kleinen, nach dem Garten hinaus gelegenen Wohnzimmer meines Vaters, das absichtlich ohne Licht blieb, um dann den brennenden Weihnachtsbaum, den meine Mama mittlerweile zurechtmachte, desto glänzender erscheinen zu lassen. Mein Vater unterhielt uns, während dieser Dunkelstunde, so gut er konnte, was ihm jedes Mal blutsauer wurde. Denn wiewohl er unter Umständen, wie vielleicht nur allzu oft hervorgehoben, in reizendster Weise mit uns plaudern und uns durch freie Einfälle, die wir verstanden, oder auch nicht verstanden, zu vergnügen wusste, so war er doch ganz unfähig, etwas einer bestimmten Situation Anzupassendes, also etwas für ihn mehr oder weniger Zwangsmäßiges, leicht und unbefangen zum Besten zu geben. Sonst ein so glücklicher Humorist, konnte er den richtigen Ton bei solchen Gelegenheiten nie treffen. Am Weihnachtsabend trat dies immer sehr stark hervor. Er sagte dann wohl zu sich selbst, fast als ob er sich auf eine richtige Stimmung hin präparierte: »Ja, das ist nun also Weihnachten … An diesem Tage wurde der Heiland geboren … ein sehr schönes Fest …«, und hinterher wiederholte er all diese Worte auch wohl zu uns und sah uns dabei mit zurechtgemachter Feierlichkeit an. Aber eigentlich schwankte er bloß zwischen Verlegenheit und Gelangweiltsein, und wenn dann zuletzt die Klingel der Mama das Zeichen gab und wir, nach dreimaligem Ummarsch um einen kleinen runden Tisch und unter Absingung eines an Plattheit nicht leicht zu übertreffenden Verses:

»Heil, Heil, Heil,
Heil, dreifacher Segen,
strahl' o heller Lichterglanz,
unsrem Fest entgegen«,

über den Flur fort in das Vorderzimmer einmarschierten, war er, mein Vater, womöglich noch froher und erlöster als wir, die wir bis dahin doch bloß vor Ungeduld gelitten hatten.
So war es auch an dem hier zu schildernden Weihnachtsabend wieder. Unser Einmarsch, unter Absingung obiger Strophe, war eben erfolgt und verwirrt und befangen standen wir, auf den Baum starrend, um die Tafel herum, bis die Mama uns endlich bei der Hand nahm und sagte: »Aber nun seht euch doch an, was euch der Heilige Christ beschert hat. Hier das« – und diese Worte richteten sich speziell an mich, – »hier das

unter der Serviette, das ist für dich und deinen Bruder. Nimm nur fort.« Und nun zögerten wir auch nicht länger und entfernten die Serviette. Was obenauf lag, weiß ich nicht mehr, vielleicht zwei große Pfefferkuchenmänner oder Ähnliches, jedenfalls etwas, was uns enttäuschte. »Seht nur weiter«, und nun nahmen wir, wie uns geheißen, auch das zweite Tuch ab. Ah, das verlohnte sich. Da lagen, gekreuzt, zwei schöne Korbsäbel, also genau das (die gute Schröder hatte recht gehabt), was wir uns so sehnlich gewünscht hatten. Und so stürzten wir denn auf die Mama zu, ihr die Hände zu küssen. Aber sie wehrte uns ab und sagte auch diesmal wieder: »Seht nur weiter«, und in einem Aufregezustand ohnegleichen, denn was konnte es nach diesem Allerherrlichsten noch für uns geben, wurde nun auch die dritte Serviette fortgezogen. Aber, alle Himmel, was lag da! Ein aus weißem und rotem Leder geflochtener Kantschu, der damals, ich weiß nicht unter welcher sprachlichen Anlehnung, den Namen Peserik führte. Meine Mutter hatte erwartet, unsere Freude durch diese scherzhafte Behandlung des Themas gesteigert zu sehen. Aber nach der Freudenseite hin gingen meine Gedanken und Gefühle durchaus *nicht*. Ganz im Gegenteil. Ich war einfach außer mir und lief in den Garten hinaus, um da wieder zu mir selbst zu kommen, was freilich nicht glücken wollte. Die Weihnachtsfreude war hin, war an einem gutgemeinten, aber verfehlten Scherze gescheitert. Hatte ich Unrecht? Ich glaube, nein. Jedenfalls, wie ich die Sache vor sechzig Jahren ansah, so sehe ich sie noch heute an. Es lag diesem Einfall eine volle Wesens- und Charakterverkennung zugrunde. Für andere hätte es vielleicht gepasst,

für mich nicht. Ich erinnere mich, vor vielen Jahren einmal, in einem Bogumil Goltzschen Buche, das den Titel führte: »Aus meiner Kindheit« (oder so ähnlich) gelesen zu haben, er, der Verfasser, sei jedes Mal glücklich gewesen, wenn der Peserik seiner Mutter aus aller Macht über ihn gekommen sei. »Um jeden Schlag schade, der vorbeiging.« Natürlich kann auch nach diesem Prinzip erzogen werden und ich will gern einräumen, dass dabei prächtige, urkräftige Jungen heranwachsen können, die für die Zukunft mehr Tüchtigkeit versprechen, und dies Versprechen auch halten, als solch empfindsames, von allerhand Eitelkeiten beherrschtes Bürschchen, wie ich eines war. Aber wenn dies auch dreimal richtig wäre, so bliebe dieser Erziehungseinfall – denn etwas Erzieherisches sollte es im Letzten doch sein – in meinen Augen immer noch ebenso verfehlt. Ich konnte mich doch nicht plötzlich umwandeln; ich blieb, meinetwegen leider, genau derselbe Empfindling, der ich war nichts an mir und in mir wurde besser, ich hatte nichts davon als eine Kränkung und ein verdorbenes Fest. Es

gibt nun mal verschiedene Naturen und wenn es geboten sein mag, schwächer Ausgestattete zu kräftigen und zu stählen, auch wenn es diesen zunächst wehe tut, so ist doch, von den sonstigen Schwierigkeiten der Sache ganz abgesehn, die Stunde, wo der Weihnachtsbaum angezündet wird, sicherlich nicht der Zeitpunkt dafür. Es soll an diesem Abend nicht erzogen, sondern erfreut werden und der, dem diese Aufgabe zufällt und der sich ihr noch dazu freudig und liebevoll zu unterziehen trachtet, der muss sich doch notwendig die Frage vorlegen, ob der zu Erfreuende an dem, wodurch man ihn erfreuen will, auch wirklich eine Freude haben kann.

Überhaupt, der Abend, an dem dies spielte, war kein rechter Glücksabend.

Es gibt eine kleine Geschichte, die sich, wenn ich nicht irre, »Die Pantoffeln des Kasan« betitelt. Gerade damals musste ich diese, die mutmaßlich aus Tausendundeiner Nacht herübergenommen war, aus meinem französischen Lesebuche übersetzen. Es handelt sich darin um ein Paar hübsche Pantoffeln, die jeder gern haben möchte; sobald er sie aber hat, bringen sie ihm bloß

Unglück. Ähnlich erging es mir mit den Korbsäbeln – ich wollte sie haben, und als ich sie hatte, brach das Unheil über mich herein. Allerdings war mir bis zum Eintritt der eigentlichen Katastrophe noch eine kurze Frist gegönnt, während welcher ich mich – nach Überwindung des ersten Ärgers am Weihnachtsabend selbst – wenigstens zeitweilig noch in der Vorstellung wiegen durfte, mich meines Weihnachtsgeschenkes freuen zu können. Dies hatte seinen Grund in Folgendem. Es war schon Jahr und Tag, dass ich, modern zu sprechen, auf nichts Geringeres als auf eine Armeeorganisation hinarbeitete. Dublierung meiner Streitkräfte wäre mir natürlich das Liebste gewesen, da sich das aber verbot, so war ich auf Neubewaffnung und mithilfe dieser auf eine neue Taktik, überhaupt auf ein neues Heer- und Kriegssystem aus. Der bis dahin in meiner ausschließlich mit Speer oder Lanze bewaffneten Truppe vorherrschende Gedanke war, weil ich eine heilige Scheu vor ausgestoßenen Augen hatte, durchaus auf Defensive gerichtet gewesen und hatte von Anfang an zu der Weisung geführt, in kritischen Momenten immer nur, mit Rücken an Rücken, die Speere vorzustrecken, also das zu bilden, was in der Landsknechtszeit ein Igel genannt wurde. Danach war denn auch jederzeit verfahren worden. Aber jetzt, wo die zwei Korbsäbel da waren, war es mir klar, daß es mit dem alten System vorbei sein müsse. Das beständige Stillstehen und Abwarten des feindlichen Angriffs war langweilig und unmännlich zugleich. Und so wurde denn beschlossen, bei der gesamten Truppe statt des Speeres den ganz auf Attacke gestellten Korbsäbel und statt des unbequemen hohen viereckigen Schildes einen kleinen Rundschild einzuführen, nur gerade groß genug, das Gesicht zu decken. Es glückte das auch alles. Die Beschaffung der Säbel wurde mithilfe verschiedentlich erneuten Vorgehens gegen die mütterliche Wirtschaftskasse durchgesetzt, und die Herstellung der Rundschilde war meine Sache. Lange bevor Ostern da war, war, was Bewaffnung angeht, der Übergang aus dem einen System ins andere bewerkstelligt. Ich versprach mir viel davon, und der Umstand, dass die jeden Mittwoch- und Sonnabendnachmittag nach wie vor von uns bezogenen »Kampements« ohne Störung oder Angriff vonseiten unserer Feinde – trotzdem sich etliche große, halbwachsene Jungen mit schottischen Mützen unter ihnen gezeigt hatten – verstrichen waren, bestärkte mich darin, dass wir angefangen hätten, der uns feindlichen Straßenjungenwelt zu imponieren.

Eine Weile blieb ich auch noch in dieser Täuschung. Aber, wie schon angedeutet, auch wirklich nur eine kleine Weile.

Aus »Meine Kinderjahre«

Verse zum Advent

Noch ist Herbst nicht ganz entflohn,
aber als Knecht Ruprecht schon
kommt der Winter hergeschritten,
und alsbald aus Schnees Mitten
klingt des Schlittenglöckleins Ton.

Und was jüngst noch, fern und nah,
bunt auf uns herniedersah,
weiß sind Türme, Dächer, Zweige,
und das Jahr geht auf die Neige,
und das schönste Fest ist da.

Tag du der Geburt des Herrn,
heute bist du uns noch fern,
aber Tannen, Engel, Fahnen
lassen uns den Tag schon ahnen,
und wir sehen schon den Stern.

Jung-Walter

Um Weihnacht war's, der Wind blies kalt,
und die Tafelrunde begann,
da kam an den Hof des Königs
manch schottischer Rittersmann.

Der König und die Königin
schauten nieder von ihrem Schloss:
Da sahen sie kommen Jung-Walter,
Jung-Walter hoch zu Ross.

Seine Läufer liefen vor ihm her,
seine Reiter folgten ihm dicht,
und sein Mantel wie von Golde
blitzte im Sonnenlicht.

Und von Golde waren die Decken,
und die Hufe von Silber hell,
und das Ross, auf dem Jung-Walter ritt,
war wie der Wind so schnell.

Da sprach ein tückischer Höfling,
der neben der Königin stand:
»Wer ist der schönste Ritter
in Hoch- und Niederland?«

»Ich habe gesehn viel Lords und Lairds,
manch schönen Ritters Gesicht,
einen schöneren als Jung-Walter
sah ich mein Lebtag nicht.«

Das hörte der neidische König,
seine Wange verfärbte sich:
»Und wär' er zweimal schöner,
erst nennen musstest du mich.«

»Du bist kein Lord und du bist kein Laird,
du bist König über sie all,
da ist kein Ritter in Schottland,
der nicht wäre dein Vasall.«

Die Königin sprach es bang und blass,
der König ward blutrot –
Jung-Walter, dass so schön du bist,
das bringt dir nun den Tod.

Sie haben ihn flugs ergriffen,
ihn sicher eingehegt,
sie haben Jung-Walter ergriffen
und ihn in Ketten gelegt.

»Oft bin ich geritten durch Stirling
bei Wetter und Regenguss,
nie bin ich geritten durch Stirling
mit Ketten an Hand und Fuß.
Oft bin ich geritten durch Stirling
bei Regen und Windeswehn,
nie bin ich geritten durch Stirling,
um's nimmer wieder zu sehn.«

Am Fuß des Hügels noch einmal
sah er Wappen und Helm und Schwert,
am Fuß des Hügels noch einmal
sah er Sattel und Zaum und Pferd.

Am Fuß des Hügels noch einmal
sah er seine Lady schön –
um das Wörtlein, das die Königin sprach,
musst' sie ihn sterben sehn.

Backzeit vor der Weihnachtszeit

Das gesellschaftliche Leben ruhte während dieser Spätherbsttage, man erholte sich von den Strapazen der Sommersaison und stärkte sich für die Wintergesellschaften. Aber ehe diese kamen, war noch ein mehrwöchentliches Interregnum durchzumachen, die Schlacht- und Backzeit, die letztere schon mit der Weihnachtszeit zusammenfallend.

Mit dem Gänseschlachten fing es an. Eine reguläre Wirtschaftsführung ohne Gänseschlachten konnte nicht wohl gedacht werden. Es handelte sich dabei um mancherlei, zunächst wohl um die Federn zur Herstellung immer neuer Fremdenbetten, vor allem aber auch um die geräucherten Gänsebrüste, die fast so wichtig waren wie die Schinken und Speckseiten im Rauchfang. Waren, kurz vor Martini, die Gänse zu diesem Zweck in genügender Zahl herangetrieben und auf dem Hofe, wo nun ein entsetzliches Schnattern uns eine Woche lang um unsere Nachtruhe brachte, zu letzter Auffütterung eingepfercht, so wurde auch schon der Tag zu Beginn der Festlichkeit festgesetzt. Meist Mitte November. Auf dem Hofe, hart an die Giebelwand des Hauses sich lehnend, befand sich, wie schon erzählt (und zwar sonderbarerweise mit einem Taubenschlage darüber), die Gesindestube, darin, außer der Köchin, noch zwei Hausmädchen schliefen. Immer vorausgesetzt, dass sie schliefen. Der Kutscher – an Stelle des alten Ehm war längst eine jugendlichere Kraft getreten – sah sich, der Hausordnung nach, zunächst freilich auf die Häckselkammer neben dem Pferdestall angewiesen, er verzichtete jedoch gern auf die Selbständigkeit dieses ihm zuständigen Aufenthalts und zog es vor, den ohnehin engen Raum der Gesindestube durch seine Gegenwart noch enger zu machen. Alles nach dem Satze: »Raum ist in der kleinsten Hütte etc.« War nun aber die Gänseschlachtzeit herangekommen, so bedeutete das eine weitere, sehr erheblich gesteigerte Raumbeschränkung, denn am selbigen Abend, an dem das Massakrieren beginnen sollte, stellte sich zu dem, was für gewöhnlich die Gesindestube beherbergte, auch noch ein Aufgebot alter Weiber ein, vier oder fünf, die sonst als Wasch- oder auch wohl als Jätefrauen ihr Dasein fristeten. Und nun begann das Opferfest. Immer spät abends. Durch die weit offenstehende Tür, geöffnet weil es sonst vor Stickluft nicht auszuhalten gewesen wäre, schienen die Sterne in den verqualmten und durch ein Talglicht kümmerlich erleuchteten Raum hinein. An dem Talglicht immer ein Dieb. Nächst der Tür aber, in einem Halbkreise, standen die fünf Schlachtpriesterinnen, jede mit einer Gans zwischen den Knien, und sangen, während sie mit einem spitzen Küchenmesser die Schädeldecke des armen Tieres durchbohrten (eine Prozedur, deren Notwendigkeit mir nie klar geworden ist), allerlei Volkslieder, deren Text in einem merkwürdigen Gegensatz sowohl zu dem mörderischen Akt wie zu der Trauermelodie stand. So wenigstens musste man annehmen, denn die Mädchen, die, den Gast aus der Häckselkammer zwischen sich, auf der Bettkante saßen, begleiteten die Volkslieder mit unendlichem Vergnügen, ja, die besonders traurig klingenden Stellen sogar mit Juchzern. Meine beiden Eltern waren sit-

tenstreng und es war oft die Rede davon, ob diesem frechen Treiben nicht Einhalt zu tun sei; schließlich aber hatte man den Kampf dagegen aufgegeben und mein Vater, dem es schwante, dass dergleichen schon im Altertum vorgekommen sei, sagte, nachdem er nachgeschlagen: »Es ist eine Wiederholung alter Zustände, römische Saturnalien, oder was dasselbe sagen will, momentane Herrschaft der Dienenden über die sogenannte Herrschaft.« Und als er so den Hergang historisch rubriziert hatte, gab er sich zufrieden, umso mehr als die Mädchen am andern Morgen ihn jedes Mal durch einen ganz besonders sittigen Augenniederschlag erheiterten. Er stellte dann fantastisch ausschweifende Betrachtungen an, als ob Gil Blas seine Lieblingslektüre gewesen wäre. Das war aber nicht der Fall, er las vielmehr nur Walter Scott, was ich ihm heute noch danke, denn einige Bröckelchen fielen schon damals für mich ab. Quentin Durward zog er allem vor, vielleicht weil es ein französischer Stoff war. Ich habe hier übrigens noch hinzuzufügen, dass die Schrecknisse dieser Gänseschlacht-Epoche mit der eigentlichen Schlachtnacht und den Trauermelodien keineswegs abgetan waren, sondern sich, durch mindestens eine halbe Woche hin, noch weiter fortsetzten. Diese Schlachtzeit war nämlich zugleich auch die Zeit, wo das aus Gänseblut zubereitete »Schwarzsauer« tagtäglich auf unseren Tisch kam, ein Gericht, das, nach pommerscher Anschauung, alles andre aus dem Felde schlägt. Auch mein Vater hielt es für seine Pflicht, sich dieser landestümlichen Anschauung anzuschließen und sagte, wenn die dampfende Riesenschüssel erschien: »Ah, das ist recht; davon esst nur; das ist die schwarze Suppe der Spartaner; alles Saft und Kraft«, er selber aber suchte sich, gerade so wie wir, das Backobst und die Mandelklöße heraus und überließ die Kraftbrühe der Gesindeschaft draußen und vor allem den Schlacht- und Klageweibern, die sich durch ihre Bohrversuche den gegründetsten Anspruch darauf erworben hatten.

Etwa vierzehn Tage später folgte dann das Schweineschlachten. Meine Stellung dazu war noch genau dieselbe wie zu der Zeit, wo ich, kaum siebenjährig, aus der Stadt hinaus auf Alt-Ruppin zu geflohen war, um sowohl dem Anblick wie der ganzen Skala ohr- und herzzerreißender Töne zu entgehen; aber ich war doch inzwischen aus den Kinderjahren in die Jungensjahre hineingewachsen, wo man wohl oder übel seine Ehre darin setzt, alles mannhaft mit durchzumachen, auch wenn sich die eigenste

Natur dagegen auflehnt. Dass die Aussicht auf »Reiswurst mit Rosinen« bei Durchführung dieser Tapferkeitskomödie mitgewirkt hätte, kann ich nicht sagen, denn so sehr ich sonst für gute Bissen war, so war ich doch in den der Weihnachtszeit voraufgehenden Wochen immer halb krank von dem unausgesetzt das Haus durchziehenden Fettwrasen. Jedenfalls konnte von gutem Appetit um eben diese Zeit (trotzdem sich's da gerade verlohnt hätte) nie recht die Rede sein, besonders dann nicht, wenn um Anfang Dezember, wie fast regelmäßig geschah, auch noch ein Hirsch von der Oberförsterei her eingeliefert war, der nun – aufgebrochen wie man ein Rind aufbricht – an die Giebelwand des Gesindehauses gehängt wurde. Tag um Tag trat dann die Köchin an das schreckliche Giebelornament heran und schälte erst den Ziemer und dann die Vorder- und Hinterschlägel heraus, sodass wir immer aufatmeten, wenn es mit dieser Wildherrlichkeit wieder vorbei war.

Unter einem glücklicheren Stern stand die Backwoche, wo mit Pfeffer- und Zuckernüssen begonnen und mit Brezeln, Kranz- und Blechkuchen aufgehört wurde. Wir durften nicht nur mit in die Backstube hinein, darin es, überaus anheimelnd, nach bitteren Mandeln und geriebener Zitrone roch, sondern erhielten auch, als Weihnachtsvorschmack, eigens für uns Kinder gebackene kleine Wecken, alles reichlich zugemessen. »Ich weiß«, sagte meine Mutter, »dass sie sich den Magen daran verderben, aber das ist besser, wie wenn sie knapp gehalten werden. Sie sollen, all diese Zeit über, eine Festfreude haben und die bringt ihnen ein Festkuchen am besten bei.« Es hat was für sich, und bei ganz robusten Kindern mag es das unbedingt Richtige sein.

Aber so robust waren wir doch nicht, dass es für uns so ohne Weiteres gepasst hätte. Mir war denn auch, um Weihnachten herum, immer sehr weinerlich zumute.

Am Silvester war Ressourcenball, auf den man mich, als den Ältesten, mitnahm. Ich stellte mich dann in schwankender Gemütsverfassung in eine Saalecke und sah zu. Wenn dann die tanzenden Paare an mir vorüberschwirrten, war ich zunächst glücklich, dass ich als eine Art Gast dastehen und mit dem Auge teilnehmen durfte und war doch auch wieder unglücklich, dass ich, statt mitzutanzen, eben nur das Zuschauen hatte. Die Nich-

tigkeit meines Ich legte sich mir schwer auf die Seele, doppelt schwer in dem gastrischen Zustand, in dem ich mich um diese Zeit regelmäßig befand, und erst wenn um Mitternacht der in einen langen blauen Mantel gekleidete Nachtwächter in den Saal trat und nach voraufgegangenem Signal auf seinem Horn ein fröhliches Neujahr wünschte, fiel mit einem Male jede Sentimentalität wieder von mir ab. Das Komisch-Groteske der Szene riss mich dann heraus und ich hatte wieder meinen Frieden.

Aus »Meine Kinderjahre«

Weihnachtszeit

Gleich nach sieben ging man zu Tisch, und alles freute sich, dass der Weihnachtsbaum, eine mit zahllosen Silberkugeln bedeckte Tanne, noch einmal angesteckt wurde. Crampas, der das Ringsche Haus noch nicht kannte, war helle Bewunderung. Der Damast, die Weinkühler, das reiche Silbergeschirr, alles wirkte herrschaftlich, weit über oberförsterliche Durchschnittsverhältnisse hinaus, was darin seinen Grund hatte, dass Rings Frau, so scheu und verlegen sie war, aus einem reichen Danziger Kornhändlerhause stammte. Von da her rührten auch die meisten der ringsumher hängenden Bilder: der Kornhändler und seine Frau, der Marienburger Remter und eine gute Kopie nach dem berühmten Memlingschen Altarbilde in der Danziger Marienkirche. Kloster Oliva war zweimal da, einmal in Öl und einmal in Kork geschnitzt. Außerdem befand sich über dem Büfett ein sehr nachgedunkeltes Porträt des alten Nettelbeck, das noch aus dem bescheidenen Mobiliar des erst vor anderthalb Jahren verstorbenen Ringschen Amtsvorgängers herrührte. Niemand hatte damals, bei der wie gewöhnlich stattfindenden Auktion, das Bild des Alten haben wollen, bis Innstetten, der sich über diese Missachtung ärgerte, darauf geboten hatte. Da hatte sich denn auch Ring patriotisch besonnen, und der alte Kolbergverteidiger war der Oberförsterei verblieben.

Das Nettelbeckbild ließ ziemlich viel zu wünschen übrig; sonst aber verriet alles, wie schon angedeutet, eine beinahe an Glanz streifende Wohlhabenheit, und dem entsprach denn auch das Mahl, das aufgetragen wurde. Jeder hatte mehr oder weniger seine Freude daran, mit Ausnahme Sidoniens. Diese saß zwischen Innstetten und Lindequist und sagte, als sie Coras ansichtig wurde: »Da ist ja wieder dies unausstehliche Balg, diese Cora. Sehen Sie nur, Innstetten, wie sie die kleinen Weingläser präsentiert, ein wahres Kunststück, sie könnte jeden Augenblick Kellnerin werden. Ganz unerträglich. Und dazu die Blicke von Ihrem Freunde Crampas! Das ist so die rechte Saat! Ich frage Sie, was soll dabei herauskommen?«

Innstetten, der ihr eigentlich zustimmte, fand trotzdem den Ton, in dem das alles gesagt wurde, so verletzend herbe, dass er spöttisch bemerkte: »Ja, meine Gnädigste, was dabei herauskommen soll? Ich weiß es *auch* nicht« – worauf sich Sidonie von ihm ab- und ihrem Nachbar zur Linken zuwandte: »Sagen Sie, Pastor, ist diese vierzehnjährige Kokette schon im Unterricht bei Ihnen?«

»Ja, mein gnädigstes Fräulein.«

»Dann müssen Sie mir die Bemerkung verzeihen, dass Sie sie nicht in die richtige Schule genommen haben. Ich weiß wohl, es hält das heutzutage sehr schwer, aber ich weiß auch, dass die, denen die Fürsorge für junge Seelen obliegt, es vielfach an dem rechten Ernste fehlen lassen. Es bleibt dabei, die Hauptschuld tragen die Eltern und Erzieher.«

Lindequist, denselben Ton anschlagend wie Innstetten, antwortete, dass das alles sehr richtig, der Geist der Zeit aber *zu* mächtig sei.

»Geist der Zeit!«, sagte Sidonie. »Kommen Sie mir nicht damit. Das kann ich nicht hören, das ist der Ausdruck höchster Schwäche, Bankrotterklärung. Ich kenne das; nie scharf zufassen wollen, immer dem Unbequemen aus dem Wege gehen. Denn Pflicht ist unbequem. Und so wird nur allzu leicht vergessen, dass das uns anvertraute Gut auch mal von uns zurückgefordert wird. Eingreifen, lieber Pastor, Zucht. Das Fleisch ist schwach, gewiss; aber …«

In diesem Augenblicke kam ein englisches Roastbeef, von dem Sidonie ziemlich ausgiebig nahm, ohne Lindequists Lächeln dabei zu bemerken. Und weil sie's nicht bemerkte, so durfte es auch nicht wundernehmen, dass sie mit vieler Unbefangenheit fortfuhr: »Es kann übrigens alles, was Sie hier sehen, nicht wohl anders sein; alles ist schief und verfahren von Anfang an. Ring, Ring – wenn ich nicht irre, hat es drüben in Schweden oder da herum mal einen Sagenkönig dieses Namens gegeben. Nun sehen Sie, benimmt er sich nicht, als ob er von dem abstamme? Und seine Mutter, die ich noch gekannt habe, war eine Plättfrau in Köslin.«

»Ich kann darin nichts Schlimmes finden.«

»Schlimmes finden? Ich auch nicht. Und jedenfalls gibt es Schlimmeres. Aber so viel muss ich doch von Ihnen, als einem geweihten Diener der Kirche, gewärtigen dürfen, dass Sie die gesellschaftlichen Ordnungen gelten lassen. Ein Oberförster ist ein bisschen mehr als ein Förster, und ein Förster hat nicht solche Weinkühler und solch Silberzeug; das alles ist ungehörig und zieht dann solche Kinder groß wie dies Fräulein Cora.«

Sidonie, jedes Mal bereit, irgendwas Schreckliches zu prophezeien, wenn sie, vom Geist überkommen, die Schalen ihres Zornes ausschüttete, würde sich auch heute bis zum Kassandrablick in die Zukunft gesteigert haben, wenn nicht in ebendiesem Augenblicke die dampfende Punschbowle – womit die Weihnachtsreunions bei Ring immer abschlossen – auf der Tafel erschienen wäre, dazu Krausgebackenes, das, geschickt übereinandergetürmt, noch weit über die vor einigen Stunden aufgetragene Kaffeekuchenpyramide hinauswuchs. Und nun trat auch Ring selbst, der sich bis dahin etwas zurückgehalten hatte, mit einer gewissen strahlenden Feierlichkeit in Aktion und begann die vor ihm stehenden Gläser, große geschliffene Römer, in virtuosem Bogensturz zu füllen, ein Einschenkekunststück, das die stets schlagfertige Frau von Padden, die heute leider fehlte, mal als »Ringsche Füllung en cascade« bezeichnet hatte. Rotgolden wölbte sich dabei der Strahl, und kein Tropfen durfte verloren gehen. So war es auch heute wieder. Zuletzt aber, als jeder, was ihm zukam, in Händen

hielt – auch Cora, die sich mittlerweile mit ihrem rotblonden Wellenhaar auf »Onkel Crampas« Schoß gesetzt hatte –, erhob sich der alte Papenhagner, um, wie herkömmlich bei Festlichkeiten der Art, einen Toast auf seinen lieben Oberförster auszubringen. »Es gäbe viele Ringe«, so etwa begann er, »Jahresringe, Gardinenringe, Trauringe, und was nun gar – denn auch davon dürfe sich am Ende wohl sprechen lassen – die Verlobungsringe angehe, so sei glücklicherweise die Gewähr gegeben, dass einer davon in kürzester Frist in diesem Hause sichtbar werden und den Ringfinger (und zwar hier in einem *doppelten* Sinne den Ringfinger) eines kleinen hübschen Pätschelchens zieren werde …«

»Unerhört«, raunte Sidonie dem Pastor zu.

»Ja, meine Freunde«, fuhr Güldenklee mit gehobener Stimme

fort, »viele Ringe gibt es, und es gibt sogar eine Geschichte, die wir alle kennen, die die Geschichte von den ‚drei Ringen' heißt, eine Judengeschichte, die, wie der ganze liberale Krimskrams, nichts wie Verwirrung und Unheil gestiftet hat und noch stiftet. Gott bessere es. Und nun lassen Sie mich schließen, um Ihre Geduld und Nachsicht nicht über Gebühr in Anspruch zu nehmen. Ich bin *nicht* für diese drei Ringe, meine Lieben, ich bin vielmehr für *einen* Ring, für *einen* Ring, der so recht ein Ring ist, wie er sein soll, ein Ring, der alles Gute, was wir in unserm altpommerschen Kessiner Kreise haben, alles, was noch mit Gott für König und Vaterland einsteht – und es sind ihrer noch einige (lauter Jubel) –, an diesem seinem gastlichen Tisch vereinigt sieht. Für *diesen* Ring bin ich. Er lebe hoch!« Alles stimmte ein und umdrängte Ring, der, solange das dauer-

te, das Amt des »Einschenkens en cascade« an den ihm gegenübersitzenden Crampas abtreten musste; der Hauslehrer aber stürzte von seinem Platz am unteren Ende der Tafel an das Klavier und schlug die ersten Takte des Preußenliedes an, worauf alles stehend und feierlich einfiel: »Ich bin ein Preuße … will ein Preuße sein.«

»Es ist doch etwas Schönes«, sagte gleich nach der ersten Strophe der alte Borcke zu Innstetten, »so was hat man in anderen Ländern nicht.«

»Nein«, antwortete Innstetten, der von solchem Patriotismus nicht viel hielt, »in anderen Ländern hat man was anderes.«

Man sang alle Strophen durch, dann hieß es, die Wagen seien vorgefahren, und gleich danach erhob sich alles, um die Pferde nicht warten zu lassen.

Aus dem Roman »Effi Briest«

Gekommen ist der
heil'ge Christ

Plötzlich tönen
Kirchenglocken aus der
Ferne zu mir her,
meine frohen Lieder
stocken, und das Singen
geht nicht mehr.

Zu Weihnachten 1856

Die Weihnachtszeit ist wieder da
mit Tannen und mit Lichtern,
ich stünde gern als Herr Papa
unter lachenden Gesichtern;
doch ach, zu fremdem Gänse-Genuss
nach Brompton fahr' ich im Omnibus,
es geht nun mal nicht anders.

Gern kröch ich umher mit meinem Boy
wie der Sohn der Jeanne d'Albret
und stimmte mit ein, bei Hott und Hoi,
in sein Lachen und Gedalbre;
doch die Abschlagszahlung auf meinen Wunsch
heißt »66« und Whisky-Punsch –
es geht nun mal nicht anders.

Die Stunden gehen, die Tage gehen,
vergehen immer geschwinder,
es kommt, will's Gott, ein Wiedersehn,
es kommen Frau und Kinder,
es ist der Trennung bald genug
und leer wird auch ein bittrer Krug,
es geht nun mal nicht anders.

Noch einmal ein Weihnachtsfest

Noch einmal ein Weihnachtsfest,
immer kleiner wird der Rest,
aber nehm ich so die Summe,
alles Grade, alles Krumme,
alles Falsche, alles Rechte,
alles Gute, alles Schlechte –
rechnet sich aus all dem Braus
doch ein richtig Leben raus.
Und dies können ist das Beste
wohl bei diesem Weihnachtsfeste.

Der Heilige Abend kam

Der Heilige Abend kam und verging ähnlich wie das Jahr vorher; aus Hohen-Cremmen kamen Geschenke und Briefe; Gieshübler war wieder mit einem Huldigungsvers zur Stelle, und Vetter Briest sandte eine Karte: Schneelandschaft mit Telegrafenstangen, auf deren Draht geduckt ein Vögelchen saß. Auch für Annie war aufgebaut: ein Baum mit Lichtern, und das Kind griff mit seinen Händchen danach. Innstetten, unbefangen und heiter, schien sich seines häuslichen Glücks zu freuen und beschäftigte sich viel mit dem Kinde. Roswitha war erstaunt, den gnädigen Herrn so zärtlich und zugleich so aufgeräumt zu sehen. Auch Effi sprach viel und lachte viel, es kam ihr aber nicht aus innerster Seele. Sie fühlte sich bedrückt und wusste nur nicht, wen sie dafür verantwortlich machen sollte, Innstetten oder sich selber. Von Crampas war kein Weihnachtsgruß eingetroffen; eigentlich war es ihr lieb, aber auch wieder nicht, seine Huldigungen erfüllten sie mit einem gewissen Bangen, und seine Gleichgültigkeiten verstimmten sie; sie sah ein, es war nicht alles so, wie's sein sollte.

»Du bist so unruhig«, sagte Innstetten nach einer Weile.

»Ja. Alle Welt hat es so gut mit mir gemeint, am meisten du; das bedrückt mich, weil ich fühle, dass ich es nicht verdiene.«

»Damit darf man sich nicht quälen, Effi. Zuletzt ist es doch so: was man empfängt, das hat man auch verdient.«

Effi hörte scharf hin, und ihr schlechtes Gewissen ließ sie

sich selber fragen, ob er das absichtlich in so zweideutiger Form gesagt habe.

Spät gegen Abend kam Pastor Lindequist, um zu gratulieren und noch wegen der Partie nach der Oberförsterei Uvagla hin anzufragen, die natürlich eine Schlittenpartie werden müsse. Crampas habe ihm einen Platz in seinem Schlitten angeboten, aber weder der Major noch sein Bursche, der, wie alles, auch das Kutschieren übernehmen solle, kenne den Weg, und so würde es sich vielleicht empfehlen, die Fahrt gemeinschaftlich zu machen, wobei dann der landrätliche Schlitten die Tête zu nehmen und der Crampassche zu folgen hätte. Wahrscheinlich auch der Gieshüblersche. Denn mit der Wegkenntnis Mirambos, dem sich unerklärlicherweise Freund Alonzo, der doch sonst so vorsichtig, anvertrauen wolle, stehe es wahrscheinlich noch schlechter als mit der des sommersprossigen Treptower Ulanen. Innstetten, den diese kleinen Verlegenheiten erheiterten, war mit Lindequists Vorschlage durchaus einverstanden und ordnete die Sache dahin, dass er pünktlich um zwei Uhr über den Marktplatz fahren und ohne alles Säumen die Führung des Zuges in die Hand nehmen werde.

Nach diesem Übereinkommen wurde denn auch verfahren, und als Innstetten punkt zwei Uhr den Marktplatz passierte, grüßte Crampas zunächst von seinem Schlitten aus zu Effi hinüber und schloss sich dann dem Innstettenschen an. Der Pastor saß neben ihm. Gieshüblers Schlitten, mit Gieshübler selbst und Doktor Hannemann, folgte, jener in einem eleganten Büffelrock mit Marderbesatz, dieser in einem Bärenpelz, dem man ansah, dass er wenigstens dreißig Dienstjahre zählte.

Hannemann war nämlich in seiner Jugend Schiffschirurgus auf einem Grönlandfahrer gewesen. Mirambo saß vorn, etwas aufgeregt wegen Unkenntnis im Kutschieren, ganz wie Lindequist vermutet hatte.

Schon nach zwei Minuten war man an Utpatels Mühle vorbei. Zwischen Kessin und Uvagla (wo, der Sage nach, ein Wendentempel gestanden) lag ein nur etwa tausend Schritt breiter, aber wohl anderthalb Meilen langer Waldstreifen, der an seiner rechten Längsseite das Meer, an seiner linken, bis weit an den Horizont hin, ein großes, überaus fruchtbares und gut angebautes Stück Land hatte. Hier, an der Binnenseite, flogen jetzt die drei Schlitten hin, in einiger Entfernung ein paar alte Kutschwagen vor sich, in denen, aller Wahrscheinlichkeit nach, andere nach der Oberförsterei hin eingeladene Gäste saßen. Einer dieser Wagen war an seinen altmodisch hohen Rädern deutlich zu erkennen, es war der Papenhagensche. Natürlich. Güldenklee galt als der beste Redner des Kreises (noch besser als Borcke, ja selbst besser als Grasenabb) und durfte bei Festlichkeiten nicht leicht fehlen.

Die Fahrt ging rasch – auch die herrschaftlichen Kutscher strengten sich an und wollten sich nicht überholen lassen –, sodass man schon um drei vor der Oberförsterei hielt. Ring, ein stattlicher, militärisch dreinschauender Herr von Mitte fünfzig, der den ersten Feldzug in Schleswig noch unter Wrangel und Bonin mitgemacht und sich bei Erstürmung des Danewerks ausgezeichnet hatte, stand in der Tür und empfing seine Gäste, die, nachdem sie abgelegt und die Frau des Hauses begrüßt hatten, zunächst vor einem langgedeckten

Kaffeetische Platz nahmen, auf dem kunstvoll aufgeschichtete Kuchenpyramiden standen. Die Oberförsterin, eine von Natur sehr ängstliche, zum Mindesten aber sehr befangene Frau, zeigte sich auch als Wirtin so, was den überaus eitlen Oberförster, der für Sicherheit und Schneidigkeit war, ganz augenscheinlich verdross. Zum Glück kam sein Unmut zu keinem Ausbruch, denn von dem, was seine Frau vermissen ließ, hatten seine Töchter desto mehr, bildhübsche Backfische von vierzehn und dreizehn, die ganz nach dem Vater schlugen. Besonders die ältere, Cora, kokettierte sofort mit Innstetten und Crampas, und beide gingen auch darauf ein. Effi ärgerte sich darüber und schämte sich dann wieder, dass sie sich geärgert habe. Sie saß neben Sidonie von Grasenabb und sagte: »Sonderbar, so bin ich auch gewesen, als ich vierzehn war.«

Effi rechnete darauf, dass Sidonie dies bestreiten oder doch wenigstens Einschränkungen machen würde. Stattdessen sagte diese: »Das kann ich mir denken.«

»Und wie der Vater sie verzieht«, fuhr Effi halb verlegen, und nur, um doch was zu sagen, fort.

Sidonie nickte. »Da liegt es. Keine Zucht. Das ist die Signatur unserer Zeit.«

Effi brach nun ab.

Der Kaffee war bald genommen, und man stand auf, um noch einen halbstündigen Spaziergang in den umliegenden Wald zu machen, zunächst auf ein Gehege zu, drin Wild eingezäunt war. Cora öffnete das Gatter, und kaum, dass sie eingetreten, so kamen auch schon die Rehe auf sie zu. Es war eigentlich reizend, ganz wie ein Märchen. Aber die Eitelkeit des jungen

Dinges, das sich bewusst war, ein lebendes Bild zu stellen, ließ doch einen reinen Eindruck nicht aufkommen, am wenigsten bei Effi. »Nein«, sagte sie zu sich selber, »so bin ich doch nicht gewesen. Vielleicht hat es mir auch an Zucht gefehlt, wie diese furchtbare Sidonie mir eben andeutete, vielleicht auch anderes noch. Man war zu Haus zu gütig gegen mich, man liebte mich zu sehr. Aber das darf ich doch wohl sagen, ich habe mich nie geziert. Das war immer Huldas Sache. Darum gefiel sie mir auch nicht, als ich diesen Sommer sie wiedersah.«

Auf dem Rückwege vom Walde nach der Oberförsterei begann es zu schneien. Crampas gesellte sich zu Effi und sprach ihr sein Bedauern aus, dass er noch nicht Gelegenheit gehabt habe, sie zu begrüßen. Zugleich wies er auf die großen schweren Schneeflocken, die fielen, und sagte: »Wenn das so weitergeht, so schneien wir hier ein.«

»Das wäre nicht das Schlimmste. Mit dem Eingeschneitwerden verbinde ich von langer Zeit her eine freundliche Vorstellung, eine Vorstellung von Schutz und Beistand.«

»Das ist mir neu, meine gnädigste Frau.«

»Ja«, fuhr Effi fort und versuchte zu lachen, »mit den Vorstellungen ist es ein eigen Ding, man macht sie sich nicht bloß nach dem, was man persönlich erfahren hat, auch nach dem, was man irgendwo gehört oder ganz zufällig weiß. Sie sind so belesen, Major, aber mit einem Gedichte – freilich keinem Heineschen, keinem ‚Seegespenst' und keinem ‚Vitzliputzli' – bin ich Ihnen, wie mir scheint, doch voraus. Dies Gedicht heißt die ‚Gottesmauer', und ich hab' es bei unserm Hohen-Cremmener Pastor vor vielen, vielen Jahren, als ich noch ganz klein war, auswendig gelernt.«

»Gottesmauer«, wiederholte Crampas. »Ein hübscher Titel, und wie verhält es sich damit?«

»Eine kleine Geschichte, nur ganz kurz. Da war irgendwo Krieg, ein Winterfeldzug, und eine alte Witwe, die sich vor dem Feinde mächtig fürchtete, betete zu Gott, er möge doch ‚eine Mauer um sie bauen', um sie vor dem Landesfeinde zu schützen. Und da ließ Gott das Haus einschneien, und der Feind zog daran vorüber.«

Crampas war sichtlich betroffen und wechselte das Gespräch. Als es dunkelte, waren alle wieder in der Oberförsterei zurück.

Aus dem Roman »Effi Briest«

Am Heiligen Abend

Fröhlich zog ich meine Straße,
sang ein liebes, altes Lied,
das in meiner Brust erklungen,
eh' die Liebe von mir schied.

Plötzlich tönen Kirchenglocken
aus der Ferne zu mir her,
meine frohen Lieder stocken,
und das Singen geht nicht mehr.

Kündet doch des Turms Geläute,
dass ein Feiertag beginnt,
dass der Heilge Abend heute,
und die Ostern morgen sind.

Staunt ihr, dass bei solcher Kunde
meine Freude mich verlässt?!
Ach, mein Herz, das ich begraben,
feiert nicht sein Osterfest!

Geständnis an Heiligabend

Die nächsten Tage, die viel Besuch brachten, stellten den unbefangenen Ton früherer Wochen anscheinend wieder her, und was von Befangenheit blieb, wurde, die Freundin abgerechnet, von niemandem bemerkt, am wenigsten von van der Straaten, der mehr denn je seinen kleinen und großen Eitelkeiten nachhing.

Und so näherte sich der Herbst, und der Park wurde schöner, je mehr sich seine Blätter färbten, bis gegen Ende September der Zeitpunkt wieder da war, der, nach altem Herkommen, dem Aufenthalt in der Villa draußen ein Ende machte.

Schon in den unmittelbar voraufgehenden Tagen war Rubehn nicht mehr erschienen, weil allernächstliegende Pflichten ihn an die Stadt gefesselt hatten. Ein jüngerer Bruder von ihm, von einem alten Prokuristen des Hauses begleitet, war zu rascher Etablierung des Zweiggeschäfts herübergekommen, und ihren gemeinschaftlichen Anstrengungen gelang es denn auch wirklich, in den ersten Oktobertagen eine Filiale des großen Frankfurter Bankhauses ins Leben zu rufen.

Van der Straaten nahm an all diesen Hergängen den größten Anteil und sah es als ein gutes Zeichen und eine Gewahr geschäftskundiger Leitung an, dass Rubehns Besuche seltener wurden und in den Novemberwochen beinahe ganz aufhörten. In der Tat erschien unser neuer »Filialchef«, wie der Kommerzienrat ihn zu nennen beliebte, nur noch an den kleinen und kleinsten Gesellschaftstagen und hätte wohl auch an diesen am liebsten gefehlt. Denn es konnt' ihm nicht entgehen und entging ihm auch wirklich nicht, dass ihm von Reiff und Duquede, ganz besonders aber von Gryczinski, mit einer vornehm ablehnenden Kühle begegnet wurde. Die schöne Jacobine suchte freilich durch halbverstohlene Freundlichkeiten alles wieder ins Gleiche zu bringen und beschwor ihn, ihres Schwagers Haus doch nicht ganz zu vernachlässigen, um ihretwillen nicht und um Melanies willen nicht, aber jedes Mal, wenn sie den Namen nannte, schlug sie doch verlegen die Augen nieder und brach rasch und ängstlich ab, weil ihr Gryczinski sehr bestimmte Weisungen gegeben hatte, jedwedes Gespräch mit Rubehn entweder ganz zu vermeiden oder doch auf wenige Worte zu beschränken.

Um vieles heiterer gestalteten sich die kleinen Reunions, wenn die Gryczinskis fehlten und statt ihrer bloß die beiden Maler und Fräulein Anastasia zugegen waren. Dann wurde wieder gescherzt und gelacht, wie damals in dem Stralauer Kaffeehaus, und van der Straaten, der mittlerweile von Besuchen, sogar von häufigen Besuchen gehört hatte, die Rubehn in Anastasias Wohnung gemacht haben solle, hing in Ausnutzung dieser ihm hinterbrachten Tatsache seiner alten Neigung nach, alle dabei Beteiligten ins Komische zu ziehen und zum Gegenstande seiner Schraubereien zu machen. Er sähe nicht ein, wenigstens für seine Person nicht, warum er sich eines reinen und auf musikalischer Glaubenseinigkeit aufgebauten Verhältnisses nicht aufrichtig freuen solle, ja, die Freude darüber würd' ihm einfach als Pflicht erscheinen, wenn er nicht andererseits den alten Satz wieder bewahrheitet fände, dass jedes neue Recht immer nur unter Kränkung alter Rechte geboren werden könne. Das neue Recht (wie der Fall hier läge) sei durch seinen Freund Rubehn, das alte Recht durch seinen Freund Elimar vertreten, und wenn er diesem letzteren auch gerne zugestehe, dass er in vielen Stücken er selbst geblieben, ja bei Tische sogar als eine Potenzierung seiner selbst zu erachten sei, so läge doch gerade hierin die nicht wegzuleugnende Gefahr. Denn er wisse wohl, dass dieses Plus an Verzehrung einen furchtbaren Gleichschritt mit Elimars innerem verzehrenden Feuer halte. Wes Namens aber dieses Feuer sei, ob Liebe, Hass oder Eifersucht, das wisse nur *der*, der in den Abgrund sieht.

In dieser Weise zischten und platzten die reichlich umhergeworfenen van der Straatenschen Schwärmer, von deren Sprühfunken sonderbarerweise diejenigen am wenigsten berührt wurden, auf die sie berechnet waren. Es lag eben alles anders, als der kommerzienrätliche Feuerwerker annahm. Elimar, der sich auf der Stralauer Partie, weit über Wunsch und Willen hinaus, engagiert hatte, hatte durch Rubehns anscheinende Rivalität eine Freiheit wiedergewonnen, an der ihm viel, viel mehr als an Anastasias Liebe gelegen war, und diese selbst wiederum vergaß ihr eigenes, offenbar im Niedergange begriffenes Glück in dem Wonnegefühl, ein anderes hochinteressantes Verhältnis unter ihren Augen und ihrem Schutze heranwachsen zu sehen. Sie schwelgte mit jedem Tage mehr in der Rolle der Konfidenten, und weit über das gewöhnliche Maß hinaus mit dem alten Evahange nach dem Heimlichen

und Verbotenen ausgerüstet, zählte sie diese Winterwochen nicht nur zu den angeregtesten ihres an Anregungen so reichen Lebens, sondern erfreute sich nebenher auch noch des unbeschreiblichen Vergnügens, den ihr au fond unbequemen und widerstrebenden van der Straaten gerade *dann* am herzlichsten belachen zu können, wenn dieser sich in seiner Sultanslaune gemüßigt fühlte, *sie* zum Gegenstand allgemeiner und natürlich auch seiner eigenen Lachlust zu machen.

In der Tat, unser kommerzienrätlicher Freund hätte bei mehr Aufmerksamkeit und weniger Eigenliebe stutzig werden und über das Lächeln und den Gleichmut Anastasias den eigenen Gleichmut verlieren müssen; er gab sich aber umgekehrt einer Vertrauensseligkeit hin, für die, bei seinem sonst soupçonnösen und pessimistischen Charakter, jeder Schlüssel gefehlt haben würde, wenn er nicht unter Umständen, und auch jetzt wieder, der Mann völlig entgegengesetzter Voreingenommenheiten gewesen wäre. In seiner Scharfsicht oft übersichtig und Dinge sehend, die gar nicht da waren, übersah er ebenso oft andere, die klar zutage lagen. Er stand in der abergläubischen Furcht, in seinem Glücke von einem vernichtenden Schlage bedroht zu sein, aber nicht heut' und nicht morgen, und je bestimmter und unausbleiblicher er diesen Schlag von der Zukunft erwartete, desto sicherer und sorgloser erschien ihm die Gegenwart. Und am wenigsten sah er sie von *der* Seite her gefährdet, von der aus die Gefahr so nahe lag und von jedem andern erkannt worden wäre. Doch auch hier wiederum stand er im Bann einer vorgefassten Meinung, und zwar eines künstlich konstruierten Rubehn, der mit dem wirklichen eine ganz oberflächliche Verwandtschaft, aber in der Tat auch nur *diese* hatte. Was sah er in ihm? Nichts als ein Frankfurter Patrizierkind, eine ganz und gar auf Anstand und Hausehre gestellte Natur, die zwar in jugendliche Torheiten verfallen, aber einen Vertrauens- und Hausfriedensbruch nie und nimmer begehen könne. Zum Überflusse war er verlobt und umso verlobter, je mehr er es bestritt. Und abends beim Tee, wenn Anastasia

zugegen und das Verlobungsthema mal wieder an der Reihe war, hieß es vertraulich und gutgelaunt: »Ihr Weiber hört ja das Gras wachsen und nun gar erst *das* Gras! Ich wäre doch neugierig zu hören, an wen er sich vertan hat. Eine Vermutung hab' ich und wette zehn gegen eins, an eine Freiin vom deutschen Uradel, etwa wie Schreck von Schreckenstein oder Sattler von der Hölle.« Und dann widersprachen beide Damen, aber doch so klug und vorsichtig, dass ihr Widerspruch, anstatt irgendetwas zu beweisen, eben nur dazu diente, van der Straaten in seiner vorgefassten Meinung immer fester zu machen.

Und so kam Heiligabend, und im ersten Saal der Bildergalerie waren all unsre Freunde, mit Ausnahme Rubehns, um den brennenden Baum her versammelt. Elimar und Gabler hatten es sich nicht nehmen lassen, auch ihrerseits zu der reichen Bescherung beizusteuern: ein riesiges Puppenhaus, drei Stock hoch, und im Souterrain eine Waschküche mit Herd und Kessel und Rolle. Und zwar eine altmodische Rolle mit Steinkasten und Mangelholz. Und sie rollte wirklich. Und es

unterlag alsbald keinem Zweifel, dass das Puppenhaus den Triumph des Abends bildete, und beide Kinder waren selig. Sogar Lydia tat ihre Vornehmheitsallüren beiseit und ließ sich von Elimar in die Luft werfen und wieder fangen. Denn er war auch Turner und Akrobat. Und selbst Melanie lachte mit und schien sich des Glücks der andern zu freuen oder es gar zu teilen. Wer aber schärfer zugesehen hätte, der hätte wohl wahrgenommen, dass sie sich bezwang, und mitunter war es, als habe sie geweint. Etwas unendlich Weiches und Wehmütiges lag in dem Ausdruck ihrer Augen, und der Polizeirat sagte zu Duquede: »Sehen Sie, Freund, ist sie nicht schöner denn je?«

»Blass und angegriffen«, sagte dieser. »Es gibt Leute, die blass und angegriffen immer schön finden. Ich nicht. Sie wird überhaupt überschätzt, in allem, und am meisten in ihrer Schönheit.«

An den Aufbau schloss sich wie gewöhnlich ein Souper, und man endete mit einem schwedischen Punsch. Alles war heiter und guter Dinge. Melanie belebte sich wieder, gewann auch wieder frischere Farben, und als sie Riekchen und Anastasia, die bis zuletzt geblieben waren, bis an die Treppe geleitete, rief sie dem kleinen Fräulein mit ihrer freundlichen und herzgewinnenden Stimme nach: »Und sieh dich vor, Riekchen. Christel sagt mir eben, es glatteist.« Und dabei bückte sie sich über das Geländer und grüßte mit der Hand.

»Oh, ich falle nicht«, rief die Kleine zurück. »Kleine Leute fallen überhaupt nicht. Und am wenigsten, wenn sie vorn und hinten gut balancieren.«

Aber Melanie hörte nichts mehr von dem, was Riekchen sag-

te. Der Blick über das Geländer hatte sie schwindlig gemacht, und sie wäre gefallen, wenn sie nicht van der Straaten aufgefangen und in ihr Zimmer zurückgetragen hätte. Er wollte klingeln und nach dem Arzte schicken. Aber sie bat ihn, es zu lassen. Es sei nichts, oder doch nichts Ernstes, oder doch nichts, wobei der Arzt ihr helfen könne.

Und dann sagte sie, was es sei.

Aus dem Roman »L'Adultera«

An Emilie

Zum 24. Dezember 1862

Es ändern im Leben sich die Dinge,
lahm wird der Schwung, lahm wird die Schwinge,
die Liebe, die sonst im Äther schwamm,
sie steigt hinunter zu Seife und Kamm.

Der Kamm für zwölf einen halben Groschen
ist aus einem Laden mit Gummi-Galoschen;
die Seife (aus einem kleinen Basar)
wohl nie bei »Treu und Nuglisch« war.

Sei's drum; wenn ich es recht begreife,
ist gar nicht so übel der Kamm und die Seife,
und war auch die Lieb einst noch so stramm,
noch strammer ist Liebe mit Seife und Kamp.

Nur stramme Liebe, ums recht zu bedenken,
kann's wagen, Kamm und Seife zu schenken,
und glücklich die Ehe, wo Frau und Mann
sich Kamm und Seife schenken kann.

Gekommen ist der Heil'ge Christ

Gekommen ist der Heil'ge Christ
die ganze Stadt voll Lichter ist;
auch unsre sollen brennen.
Die Sorgen weg und zünde an,
ich will derweil, so gut ich kann,
dir meine Wünsche nennen.

Empfang zuerst ein Strumpfenband,
das ich für dreißig Pfengk erstand
bei Fonrobert im Laden.
Ich wünsche dir, geliebtes Weib,
bald wieder einen dünnern Leib
und etwas dick're Waden.

Empfang alsdann ein Kontobuch,
fürs Kredit ist es groß genug,
fürs Debet etwas kleine.
Indes, es heißt ja: »rund die Welt«,
der Beutel wird mal wieder Geld
und hilft uns auf die Beine.

Und drum zuletzt den heißen Wunsch,
dass unsres Schicksals dicker Flunsch
bald hübsch'ren Zügen weiche,
und dass ein bisschen Sonnenschein
zieh wieder endlich bei uns ein
und unser Herz beschleiche.

Christnacht

1

Auf dem weißgedeckten Tische
prangt der grüne Weihnachtsbaum,
trägt im buntesten Gemische
Kerzen, Gold- und Silberschaum.

Vor dem Tische steht ein Knabe,
blickt die Schätze hastig an,
ob vielleicht die Weihnachtsgabe
ihm das Herz erfreuen kann.

Aber nichts will ihm gefallen,
selbst das Schönste dünkt ihm Tand,
und er weint, weil an dem allen
nicht sein Herz Befried'gung fand.

»Mutter, einzig gute Mutter,
sieh mich nicht so traurig an;
will ja länger nicht mehr weinen,
hat es dir doch weh getan!

Ach, du fragst: ‚Woher die Tränen?' –
Alles, alles, was mich quält,
ist, dass mich ein heißes Sehnen
nach – ich weiß nicht was – beseelt.«

2

Auf der weißbeschneiten Erde
steht an eines Friedhofs Saum
eine Fichte, wunderprächtig.
Wie ein ries'ger Weihnachtsbaum.

Tausend helle Kerzen flimmern
über ihm am Himmelsraum,
und des blassen Mondes Schimmern
ist des Christbaums Silberschaum.

Vor der Fichte, – auf dem Grabe
seiner Braut, das sie bewacht –
kniet nach manchem Jahr der Knabe,
wieder, in der Christusnacht.

»Gott der Liebe! – hier am Grabe
hast du endlich dich bewährt.
Hast als schönste Weihnachtsgabe
endlich Tränen mir beschert.

Mir, dem du so viel genommen.
Dem ja alles, alles fehlt.
Das ihn, wenn die Tränen kommen,
heißer Dank für dich beseelt.«

Zum 24. Dezember 1887

Der neue Roman, ich hab' ihn fertig,
wenn auch nicht in allen Stucken,
er ist noch deiner Abschrift gewärtig, –
dann kann ihn Kröner drucken.

»Unwiederbringlich« sein Titel ist,
unwiederbringlich ist vieles,
doch lassen wir das zum Heiligen Christ
und gedenken wir – *unsres* Zieles.

Zum 24. Dezember 1890

Ruhig sein, nicht ärgern, nicht kränken,
ist das allerbeste Schenken;
aber mit diesem Pfefferkuchen
will ich es noch mal versuchen.

Tannenbaum und Stechpalme

Weihnachten klopft auch in London an die Türen. Es ist nicht mehr der national-britische Christmas-eve mit seinem vorwiegend patriarchalischen Charakter; der Klopfende gleicht vielmehr unsrem alten Freunde »Knecht Ruprecht«, der während der letzten zwanzig Jahre es prächtig verstanden hat, für sich selber Propaganda zu machen und auch der englischen Weihnachtszeit ein mehr und mehr deutsches Gepräge zu geben. Mit andern Worten, es ist der Sieg des Tannenbaums über den altenglischen Weihnachtsbaum, den Mistle-toe. In alten Zeiten (wie jedermann aus zahllosen Beschreibungen englischer Romane weiß) prangte der weihnachtliche Mistelbusch am äußersten Ende der festgeschmückten Halle; der Qualm der Lichter und Fackeln mischte sich mit dem Duft der Rund- und Rückenstücke, die an flackernden Feuern brieten; Musik erklang und die scharf gezogenen Schranken zwischen Herr und Diener fielen auf die kurze Dauer eines Abends. Unter dem alten Mistelbusch galt überdies noch das alte Reimwort von einem »Kuss in Ehren.« So war es vordem. Das Alte hat sein Leben auf Schlössern und Herrensitzen gerettet; aber in den großen Städten ist, neben der Mistel und dem reizenden Stechpalmenreis, die Tanne in die Höh' geschossen und bedroht die alten weihnachtsgrünen Mächte mit einer siegreichen Konkurrenz. Eine neue Dynastie, aber stark, weil zweckentsprechend. Einzelne Hyperpatrioten, die den »german influence« auf jedem Gebiete, auch auf dem harmlosesten, bekämpfen und ausrotten möchten, haben zwar die deutsche Tanne in den Bann getan; aber sie werfen sich vergebens dem rollenden Rad entgegen, und jeder neue Weihnachtstisch ist ein neuer Sieg unserer deutschen Sitte. Die Umwandlung hat sich in London beinah vollständig vollzogen: Das Weihnachtsfest, dessen häusliche Feier ein soziales Fest, ein Fest der Ausgleichung, der Brüderlichkeit im schönsten Sinne war, ist ein Kinderfest geworden. Eine schöne und tief poetische Idee hat die andere abgelöst; vielleicht war das alte tiefer im Gedanken und lustiger in der Erscheinung, aber das neue ist lieblicher und heiterer. Noch einmal: Weihnachten im englischen Hause ist ein Kinderfest geworden, und im Einklang mit dieser Wandlung präsentieren sich jetzt die Londoner Straßen. Auch hier drängen sich die Penny-, die Six-Pence- und die Schilling-Buden; riesige Wiegepferde (hübscher als die unsrigen, wie es sich in dem Lande des Vollbluts geziemt) bäumen in die Höh' oder sprengen in vollem Galopp durch die Spiegelscheiben; Trommeln (schlechter als die unsrigen, wie sich's im Lande der militärischen Antipathien von selbst versteht) bilden die üblichen Pyramiden; rote, sternbesäte Luftballons schweben die Glasdecke der Arkaden entlang, und überall an den Straßenecken grünt das Edeltannenreis in Blumentöpfen. Auch an Kauflustigen fehlt es nicht. In der Mittagszeit sind die zur Stadt fahrenden Omnibusse bis auf den letzten Platz besetzt. Damen, junge und alte, sitzen sich in langer Reihe einander gegenüber und haben etwas von der ernsten Würde des Weihnachtsmannes. Nur ein Element unter den täglichen Fahrgenossen fehlt – die Kinder. Das Geheimnis der Weihnachtswoche hält sie daheim, und hier wie überall finden sich selbst die wildesten leicht in jene Gefangenschaft, die schon nach wenig Tagen mit der Freiheit und – dem Christbaum schließt.

Des armen Mannes Weihnachtsbaum

London, 24. Dezember.

Ich sah heute in den Straßen Londons einen prächtigen Gins-
terbusch, nicht als kriegerisches Wahrzeichen wie vordem,
sondern als friedlichen Weihnachtsbaum, als schlichteren Er-
satz für die schlichte Tanne. Es war in Tottenham-Court-Ro-
ad, und es begann schon zu dunkeln. Groß und Klein eilte
nach Haus, um zu rechter Stunde an rechter Stelle zu sein;
alles war Leben, Bewegung, Freude. Unter denen, die ihrer
Wohnung zuschritten, war auch ein Arbeiter, ein Mann in der
Mitte der Dreißiger, blass, rußig, ermüdet. Neben ihm ging
sein ältestes Kind, ein Knabe von sechs bis sieben Jahren; er
schleppte sich mühsam weiter. Das jüngste Kind war auf der
linken Schulter des Vaters eingeschlafen, während er auf der
rechten einen mächtigen Ginsterbusch als Weihnachtsbaum
nach Hause trug. Der Ginsterbusch *blühte*. Man sieht viel
Elend in den Straßen Londons, aber selten eines, in dessen
Öde sich zartere Züge mischen, und so blieb ich stehen und
sah dem müd und matten Zuge nach. Es war ersichtlich, die
Mutter war tot, und dem Vater war die Aufgabe zugefallen,
den beiden Kindern ihr Christfest zu bereiten. So war er denn
hinausgegangen nach Hampstead-Heath, um auf der weiten
winterlichen Heide den Weihnachtsbaum zu finden, den er zu
arm war, an der nächsten Straßenecke zu kaufen. Die Kin-
der hatten ihn begleiten müssen, weil niemand im Hause war,

der sich ihrer angenommen hätte. Jetzt kamen sie von ihrem Gange zurück, der Älteste müde, der Jüngste eingeschlafen. Was mochte sie daheim empfangen? Welcher Weihnachtsfreude gingen sie entgegen? Ich malte mir das Zimmer des armen Mannes aus: Der Ginsterbusch stand auf dem Tisch, und ein ärmliches Feuer brannte im Kamin; nichts Festliches sonst umher als das Herz seiner Bewohner. Im Widerschein des Feuers aber sah ich die gelben Ginsterblumen wie Weihnachtslichter leuchten, und ihr Blühen war wie die Verheißung eines Frühlings nach Erdenleid und Winterzeit.

Das Eleusische Fest

Es ereignete sich das in den Weihnachtstagen 30 auf 31, kurz vor Tisch. Ich selber war, wie gewöhnlich zu dieser Festzeit, in jenem eigentümlich gastrischen Zustande, wo sich der schon geschädigte Magen unbegreiflicherweise nach neuer Schädigung sehnt. Ein wohliger Duft von gebratener Gans zog durch das ganze Haus und gab meinen Gedanken eine dem Höheren durchaus abgewandte Richtung. Ich hatte mich, der wieder in Gedichtauswendiglernen bestehenden Ferienaufgabe gedenkend, auf den ersten Boden zurückgezogen und mir's hier in einem Kinderschlitten mit Seegraskissen leidlich bequem gemacht, dabei einen alten vielkragigen Mantel meines Vaters über die Knie gebreitet, denn es war bitterkalt, und in der Sonne blinkten links neben mir ein paar Schneestreifen, die der Wind durch die Fensterritzen hineingepustet hatte. Fröstelnd und unzufrieden mit mir und meinem Schicksal saß ich da, Schillers Gedichte vor mir, und lernte »das Eleusische Fest«. Unten klimperte wer auf dem Klavier. Als es endlich schwieg, hörte ich den von einem asthmatischen Pusten begleiteten Schritt meines Vaters auf der Treppe und nicht lange mehr, so stand er vor mir, übrigens zunächst weniger mit mir als mit den zwei Schneestreifen beschäftigt. Er schob denn auch, eh er sich zu mir wandte, den Schnee mit der Sohlenkante zusammen und sagte dann ernst: »Ich begreife nicht, warum du hier sitzest.«

»Ich lerne.«

»Was?«

»Das Eleusische Fest.«

»Nun, das ist gut. Aber du siehst aus, als ob du keine rechte Freude daran hättest. Ohne Freude geht es nicht, ohne Freude geht nichts in der Welt. Von wem ist es denn?«

»Von Schiller.«

»Von Schiller. Nu, höre, dann bitt' ich mir aus, dass du Ernst mit der Sache machst. Schiller ist der Erste. Wie lang is es denn?«

»Siebenundzwanzig Verse.«

»Hm. Aber wenn es von Schiller ist, ist es gleich, ob es lang oder kurz ist. Es muss runter.«

»Ach, Papa, die Länge, das is es ja nicht. Der ,Kampf mit dem Drachen' ist noch länger, und ich habe es in der letzten Stunde, die wir hatten, doch hergesagt.«

»Nun, was ist es dann?«

»Es ist so schwer. Ich versteh es nicht.«

»Unsinn. Das ist bloße Faulheit. Gewiss, es gibt Dichter, die man nicht verstehen kann. Aber Schiller! Gang nach dem Eisenhammer, Bürgschaft, Kraniche des Ibykus, da kann man mit. »Und in Poseidons Fichtenhain tritt er mit frommem Schauder ein« – das kann jeder verstehn und war immer meine Lieblingsstelle. Natürlich muss man wissen, wer Poseidon ist.«

»Ja, das geht, und Poseidon kenn' ich. Und die, die du da nennst, die hab' ich auch alle gelernt. Aber das Eleusische Fest, das kann ich nicht. Ich weiß nicht, was es heißt, und weiß auch nicht, was es bedeutet, und ich weiß auch nicht, gleich zu Anfang, welche Königin einzieht.«

»Das ist auch nicht nötig. Du wirst doch verstehn, dass eine

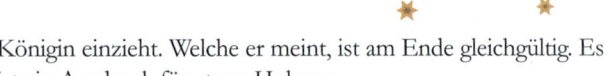

Königin einzieht. Welche er meint, ist am Ende gleichgültig. Es ist ein Ausdruck für etwas Hohes.«

»Und in dem zweiten Verse heißt es dann: ,Scheu in des Gebirges Klüften barg der Troglodyte sich.' Was ist ein Troglodyte?«

»Nun, das ist ein griechisches Wort und wird wohl Leute bezeichnen, die einen Kropf haben oder irgend so was. An solcher einzelnen Unklarheit kann das Ganze nicht scheitern. Also strenge dich an …«

Er hätte mir wohl noch weitere Lehren gegeben, wenn nicht in diesem Augenblicke zu Tische gerufen wäre. »Nun komm nur. Es heißt zwar plenus venter … aber du wirst schon darüber hinkommen.«

Ich kam nicht darüber hin und habe das Eleusische Fest nicht auswendig gelernt, weder damals noch später.

Mit Gesang- und Wirtschaftsbuch zu Weihnachten 1865

Wenn das Wirtschaftsbuch nicht stimmt
und das Debet das Kredit überklimmt,
geben die alten Luther-Lieder
Trost und Contenance wieder.

Hans Sternheim zu Weihnachten 1895

Mit »Vor dem Sturm«

Wannsee, Westend, ist alles bloß Kietz,
kaufe dir was wie Hohen-Vietz,
werde wie Vitzewitzens Lewin,
(vom Hausvogteiplatz – *den* lass ziehn)
werde klug und werde hell,
aber nicht so poetisch wie Hansen Grell,
vor allem werde nicht wie Bninski,
forscher Kerl, aber Lukrinski!

Heiligabend

Sie sieht nun tausend Lichter;
der Engel Angesichter
ihr treu zu Diensten stehn;
sie schwingt die Siegesfahne
auf güldnem Himmelsplane
und kann auf Sternen gehn.

Zum 24. Dezember 1886

Heute nur dies:
Kommt ein bonheur
kommt auch ein Service
von
Serviteur.

Weihnachten

Eine Waise war sie, und sie sollt' es nur allzu bald empfinden. Anfangs ging es, auch noch um die Christzeit, als aber Ostern herankam, wurd' es anders im Haus, denn es geschah, was nicht mehr erwartet war: Trud genas eines Knäbleins. Da war nun die Freude groß, und auch Grete freute sich. Doch nicht lange. Bald musste sie wahrnehmen, dass das Neugeborene alles war und sie nichts; Regine kochte den Brei, und sie gab ihn. Dass sie selber ein Herz habe und ein Glück verlange, daran dachte niemand; sie war nur da um andrer Glückes willen. Und das verbitterte sie.

[…]

Und wenn es dann hieß: »Aber nun schlafe, Gret'«, dann wickelte sie sich freilich in ihre Decken und schwieg, aber nur, um sich in wachen Träumen eine Welt der Freiheit und des Glückes aufzubauen. Dabei sah sie sich am liebsten am Bug oder Steuer eines Schiffes stehen, und der Seewind ging, und es war Nachtzeit, und die Sterne funkelten. Und sie sah dann hinauf, und alles war groß und weit und frei. Und zuletzt überkam es sie wie Frieden inmitten aller Sehnsucht, ihr Trotz wurde Demut, und an Stelle des bösen Engels, der ihren Tag beherrscht hatte, saß nun ihr guter Engel an ihrem Bett. Und wenn sie dann andren Tags erwachte und hinuntersah auf den Garten und den Pfau auf seiner Stange kreischen hörte, dann fragte sie sich: »Bist du noch du selbst? Bist du noch unglücklich?« Und mitunter wusste sie's kaum. Aber freilich, auch andere Tage kamen, wo sie's wusste, nur allzu gut, und wo weder ihr guter noch ihr böser Engel, weder ihre Demut noch ihr Trotz sie vor einem immer bitterer und leidenschaftlicher aufgärenden Groll zu schützen wusste.

Ein solcher Tag, und der bittersten einer, war der Weihnachtstag, an dem auch diesmal ein Christbaum angezündet wurde. Aber nicht für Grete. Grete war ja groß, nein, nur für das Kleine, das denn auch nach den Lichtern haschte und vor allem nach dem Goldschaum, der reichlich in den Zweigen glitzerte. »'s ist Gerdts Kind«, sagte Grete, der ihres Bruders Geiz und Habsucht immer ein Abscheu war; und sie wandte sich ihren eigenen Geschenken zu. Es waren ihrer nicht allzu viele: Lebkuchen und Äpfel und Nüsse, samt einem dicken Spangen-Gesangbuch (trotzdem sie schon zwei dergleichen hatte), auf dessen Titelblatt in großen Buchstaben und von Truds eigener Hand geschrieben war: Sprüche Salomonis, Kap. 16, Vers 18.

Sie kannte den Vers nicht, wusste aber, dass er ihr nichts Gutes bedeuten könne, und sobald sich's gab, war sie treppauf, um in der großen Bibel nachzuschlagen. Und nun las sie: »Wer zugrunde gehen soll, der wird stolz, und stolzer Mut kommt vor dem Fall.«

Es schien nicht, dass sie verwirrt oder irgendwie betroffen war, sie strich nur, schnell entschlossen, die von Trud eingeschriebene Zeile mit einer dicken Feder durch, blätterte hastig in dem Alten Testamente weiter, als ob sie nach einer bekannten, aber ihrem Gedächtnis wieder halb entfallenen Stelle suche, und schrieb dann ihrerseits die Prophetenstelle darunter, die des alten Jacob Minde letzte Mahnung an Trud enthalten hatte: »Lasse die Waisen Gnade bei dir finden.« Und nun flog sie wieder treppab und legte das Buch an seinen alten Platz. Trud aber hatte wohl bemerkt, was um sie her vorgegangen, und als sie mit Gerdt allein im Zimmer war, sah sie nach und sagte, während sie sich verfärbte: »Sieh und lies!« Und er nahm nun selber das Buch und las und lachte vor sich hin, wie wenn er sich ihrer Niederlage freue. Denn seine hämische Natur kannte nichts Lieb'res als den Ärger andrer Leute, seine Frau nicht ausgenommen. Zwischen dieser aber und Greten unterblieb jedes Wort, und als der Fasching kam, den die Stadt diesmal ausnahmsweise prächtig mit Aufzügen und allerlei Mummenschanz feierte, schien der Zwischenfall vergessen. Und auch um Ostern, als sich alles zu dem herkömmlichen großen Kirchgang rüstete, hütete sich Trud wohl, nach dem Buche zu fragen. Wusste sie doch, dass es Gret' unter dem Weißzeug ihrer Truhe versteckt hatte. Denn sie mocht es nicht sehen.

Aus der Novelle »Grete Minde«

Unterm Christbaum

Das geplante Bettgespräch hatte stattgefunden und war unter Vermeidung aller Umschweife mit dem Satze begonnen worden: »Mutter, weißt du was?«

»Nu was denn, Thilde?«

»Ich habe mich mit ihm verlobt.«

Die Alte richtete sich auf wie ein Gespenst, sah Thilden an und sagte dann: »O Gott, was soll nu aus mir werden?«

»Gar nichts, Mutter. Du bleibst, was du bist, und ein Esser ist weniger. Und wenn du was brauchst, dann schick ich es dir.«

»Ja, kann er denn? Hat er denn was?«

»Noch nich, Mutter. Aber wenn ich ihn bloß erst habe, das heißt richtig verlobt vor Gott und Menschen, da wird es schon werden. Er sieht ja doch aus wie auf der Kanzel, und so einer kommt immer an. Ich werd ihn schon anbringen.«

»Und wirklich verlobt? Und nich bloß so gesagt? Und nachher sitzt du da, wie so ganz, ganz arme und unglückliche Mädchen dasitzen …«

»Ich weiß nicht, was das immer soll, Mutter. Vater hat gesagt: ‚Thilde, halte dich proper.‘ Und hab ich nich? Und nu kommst du immer mit solchen Geschichten, so hintenrum, dass man nicht recht sagen kann, was du meinst. Aber ich weiß es schon. Und ich sage dir, ich bin nich so dumm. Er wollte mir einen Kuss geben und war so stürmisch, weil er noch krank ist. Aber ich habe ihn in seine Schranken zurückgewiesen.«

»Das ist recht, Thildechen. Und wann denkst du denn, dass es ins Blatt kommt? Oder soll es ganz still und verborgen sein? Es ist doch immer besser, andre wissen es auch; dann geniert er sich mehr, wenn er sich vielleicht anders besinnt.«

»Ach, anders besinnt. Er darf sich nicht anders besinnen, und er wird auch nicht, und er will auch nicht. Er wird nu morgen früh bei dir anfragen, und da musst du was Gutes sagen und nich so klein und ängstlich. Und er muss sehn, dass wir nicht auf ihn gewartet haben.«

»Ja, da hast du recht; aber was soll ich sagen? Du musst mir was zurechtmachen, was passt.«

»Das geht nicht, Mutter. Dann verschnappst du dich und sagst es an der unrechten Stelle.«

»Ja, das is möglich. Na, denn werd ich bloß sagen: ,Gott sei mit euch.'«

»Das ist gut. Aber du darfst ihn nich gleich ,du' nennen. ,Du' kommt erst, wenn es dringestanden hat und wir richtige Verlobung gefeiert haben. Ich denke, so Heiligabend. Unterm Christbaum, das hab ich mir immer gewünscht. Das hat dann so seinen Schick und auch so 'n bisschen wie kirchliche Handlung. Und is schon so 'n Vorschmack. Das heißt, ich meine von der Trauung. Denn bei dir muss man sich immer vorsichtig ausdrücken. Du denkst gleich …«

[…]

Der Vierundzwanzigste kam und ging, die Verlobung war proklamiert worden, und die sechs Menschen, aus denen die ganze Gesellschaft bestand, waren ausnahmslos sehr vergnügt gewesen. Eine halbe Stunde lang sogar Schultze, der auf

Thildens Aufforderung in einer gewissen Paschalaune, sein Volk beglückend, in der kleinen Möhringschen Wohnung erschienen war, zurückhaltend in Bezug auf alles, was an Speis und Trank aufgetragen war, aber desto intimer mit Rybinskis Braut. Rybinski selbst lachte, versicherte dann und wann, dass er sich mit dem Rechnungsrat über das Schnupftuch schießen müsse, weil ihm ein solcher Eingriff in geheiligte Rechte noch gar nicht vorgekommen sei, und versprach schließlich, beim Rat und der Rätin eine Visite zu machen, spätestens zu Neujahr, aber ohne Braut. »Man kann doch nicht wissen, wie sich die Rätin stellt«, flüsterte er seinem neuen Freund Schultze zu. Und Schultze zwinkerte.

Den Toast auf das Brautpaar brachte der Vetter Architekt aus. Man werde nicht überrascht sein, wenn er seinerseits, als ein Mann des Baus, auch die Ehe, als deren Vorkammer die Verlobung anzusehen sei, wenn er auch die Ehe als einen Bau ansehe. »Das Fundament, meine Herrschaften, ist die Liebe;

dass wir diese hier haben, ist erwiesen, und der Mörtel, der bis in alle Ewigkeit den Bau zusammenhält, das ist die Treue.« Schultze nickte; Rybinski rief »Bravo« und drohte seiner neben Schultze stehenden Braut mit dem Finger, indem er mit dem Zeigefinger eine Stechbewegung machte, als müsse Schultze auf dem Platze bleiben. Der Vetter Architekt aber fuhr fort: »Der Mörtel, sage ich. Aber auch der bestgefügteste Bau, bei den Erschütterungen, die das Leben mit sich führt, bedarf noch der Klammern und Stützen, und diese Klammern und Stützen, das sind die Freunde, das sind wir. Auch Schmuck hat ein gutes Haus, und in seine Nischen sehen wir gern allerhand liebe kleine Gestalten gestellt, putti sagen die Italiener, Putten sagen wir selbst. Ich weiß, ich greife vor, aber in dieser heitren Stunde wird auch ein heitrer Blick in die Zukunft gestattet sein. Es lebe das Brautpaar, es lebe die Zukunft, es leben die Putten.«

Rybinski umarmte den Redner und sprach etwas von dem geheimnisvollen Reiz der gefälligen oratorischen Begabung, die sei wie ein Quickborn: ein Schlag mit dem Pegasushuf, und die Quelle springe. »Gesegnet die, die diesen Huf haben.«

[...]

Mutter und Tochter saßen noch lang in ihrem Bette auf. Es gab viel zu sprechen. Für die Alte war Schultze die Hauptperson, er habe doch feiner gewirkt als die andern und man hätte doch merken können: *der* hat's. »Es gibt einem doch so 'n Gefühl, und das hat er.«

»Ach, Mutter, du verstehst ja so was nich. Schultze war der einzige, der in die Gesellschaft nicht passte. Von uns will ich nich reden. Aber die andern. Ja, das waren ja lauter feine Herren, alle studiert und Kunst dazu; der Vetter auch, wer so was baut, das ist auch 'ne Kunst. Und nur von Vorkammer hätt er nich sprechen sollen und von Putten erst recht nicht. Aber daran siehst du's gerade; feine Leute, die sind so und die behandeln all so was spielrig und lassen immer, wie Doktor Stubbe sagte, den rechten Ernst vermissen. Aber es kommt doch immer so was raus, was nich jeder sagen kann. Und nu Schultze. Ja, du mein Gott, wenn er nicht das sonderbare Zeug zu Rybinskis Braut gesagt hätte, so hätt er so gut wie gar nichts gesagt. Und dann is es auch nicht fein, dass er gar nichts nahm, und is bloß Tuerei, sehr viel Gutes kriegt er unten auch nich. Aber du hast seine großen Manschettenknöpfe immer angesehn, weil er die zwei Steine vorn im Chemisette hatte und weil er Wirt ist, so denkst du, es war was Feines. Ich hab ihn auch nur raufgeholt, weil du doch nu mit ihm durchkommen musst, wenn ich mal weggehe.«

»Na, wann denkst du denn?«

»Ich denke mir, so zu Johanni.«

»Hast du denn schon was?«

»Nein, noch nich, Mutter. Aber ich werd es nu in die Hand nehmen. Morgen und übermorgen sind Feiertage, da kommt keine Zeitung, aber den dritten Feiertag abends, da steht es drin. Und Verlobung haben wir nu gehabt, und nu is es an mir, nu werd ich es in die Hand nehmen.«

[...]

Thilde war am andern Morgen in einer gehobenen Stimmung. Sie war nun Braut, und das andre musste sich von selber geben. Solange sie bloß Fräulein Thilde war, die den Tee zu bringen und eine Bestellung auszurichten hatte, da lag die Sache noch schwierig genug, jetzt aber hatte sie das Recht, zu sprechen und zu handeln. Das mit den Theaterstücken war ein Unsinn und mit dem ewigen Lesen auch, und Rybinski und seine Braut – die ihr übrigens, trotzdem sie klarsah in allem, sehr gut gefallen hatte – mussten über kurz oder lang beseitigt werden. Rybinski war eine Gefahr, noch dazu eine komplizierte. Zunächst aber konnte von einem Vorgehn keine Rede sein, weil sie deutlich einsah, dass sie zur Erreichung ihrer Zwecke der Fortdauer guter Beziehungen zu Rybinski durchaus bedurfte. Wenn ihr feststand, wie sie Hugo zu trainieren habe, so stand ihr auch ebenso fest, dass sie so was wie Zuckerbrot beständig in Reserve haben müsse, um Hugo bei Lust und Liebe zu erhalten, und dazu war Rybinski wie geschaffen. Überhaupt nur nichts Gewaltsames, nur nichts übereilen. Alles mit Erholungspausen.

Ihrem natürlichen Gefühle nach hätte sie den ersten Feiertag nicht vorübergehn lassen, ohne mit ihrem Bräutigam über ihre Zukunft zu sprechen und ein bestimmtes Programm aufzustellen, aber in ihrer Klugheit empfand sie, dass etwas Nüchternes und Prosaisches darin liegen würde, den Tag nach der Verlobung, der noch dazu der erste Weihnachtsfeiertag war, zu Behandlung solcher Fragen heranziehen zu wollen, und so bezwang sie sich und nahm sich vor, ihm eine Woche Weihnachtsferien zu bewilligen und ihn zu kleinen Vergnügungen anzuregen. Er sollte sehn, wie gut er's auch im Behaglichen getroffen habe und dass Thilde durchaus verstehe, sich seinen

Wünschen anzupassen. Am Ende dieser Ferienwoche wollte sie dann mit der Prosa herausrücken, unter Hinweis darauf, dass ohne Durchführung ihres Programms von Glück und Zufriedenheit und überhaupt von einem Zustandekommen ihrer Ehe gar keine Rede sein könne.

Aus dem Roman »Mathilde Möhring«

Gott zum Grusse, Herr Silvester

Gott
zum Gruße, Herr
Silvester, Allerliebster,
Allerbester, sind Sie end-
lich angelangt, hat's mich
doch, dass Sie erfroren
oder Ihren Weg verloren,
Gott sei Dank umsonst
gebangt.

Zum Pfefferkuchenabend bei Beutners

(29. Dezember 1863)

Sie saßen plaudernd bei Brot und Wein,
sieben Freunde und Genossen;
es war schon manches, groß und klein,
über Herz und Lippe geflossen.

Da sprach der eine: »Ich tät' schon lang
nach einem Aufschluss suchen,
wie kam nur zu so hohem Rang
der braune Pfefferkuchen?«

Da sprach der andre: »Mit etwas Verstand
ist die Antwort gar nicht zu missen:
Wer würde von ‚Theodor Hildebrandt'
in der Welt sonst etwas wissen.«

Der dritte sagte: »Ich weiß es genau« –
und er flüsterte leis wie ein Mäuschen:
»Es ist von wegen der alten Frau
in dem Pfefferkuchenhäuschen.«

Der viert' und der fünfte, die fanden nichts,
und, um doch was zu sprechen,
versuchten sie wichtigen Angesichts,
sich an dem *Objekt* zu rächen.

Sie sagten betont und etwas spitz,
als schössen sie ab einen Treffer:
»Des Pfefferkuchens ganzer Witz
ist, dass er ohne Pfeffer.«

Der sechste sah es als Künstler an,
vielleicht auch war es Sarkastik:
»Der Pfennig-Pfefferkuchenmann
ist die freundlichste Form der Plastik.«

Drauf der letzte, in Partizipialkonstruktion,
sprach: »Mir all nicht gefallen habend –
des Pfefferkuchens Zweck und Lohn
ist der *Pfefferkuchenabend*.«

An Lischen

Habe ein heitres, fröhliches Herz
Januar, Februar und März,
sei immer mit dabei
in April und Mai,
kreische vor Lust
in Juni, Juli und August,
habe Verehrer, Freunde und Lober
in September und Oktober
und bleibe meine gute Schwester
bis zum Dezember und nächstem Silvester.

Die musikalische Soiree bei Gieshübler hatte Mitte Dezember stattgefunden, gleich danach begannen die Vorbereitungen für Weihnachten, und Effi, die sonst schwer über diese Tage hingekommen wäre, segnete es, dass sie selber einen Hausstand hatte, dessen Ansprüche befriedigt werden mussten. Es galt nachsinnen, fragen, anschaffen, und das alles ließ trübe Gedanken nicht aufkommen. Am Tage vor Heiligabend trafen Geschenke von den Eltern aus Hohen-Cremmen ein, und mit in die Kiste waren allerhand Kleinigkeiten aus dem Kantorhause gepackt: wunderschöne Reinetten von einem Baum, den Effi und Jahnke vor mehreren Jahren gemeinschaftlich okuliert hatten, und dazu braune Puls- und Kniewärmer von Bertha und Hertha. Hulda schrieb nur wenige Zeilen, weil sie, wie sie sich entschuldigte, für X. noch eine Reisedecke zu stricken habe. »Was einfach nicht wahr ist«, sagte Effi. »Ich wette, X. existiert gar nicht. Dass sie nicht davon lassen kann, sich mit Anbetern zu umgeben, die nicht da sind!«

Und so kam Heiligabend heran.

Innstetten selbst baute auf für seine junge Frau, der Baum brannte, und ein kleiner Engel schwebte oben in Lüften. Auch eine Krippe war da mit hübschen Transparenten und Inschriften, deren eine sich in leiser Andeutung auf ein dem Innstettenschen Hause für nächstes Jahr bevorstehendes Ereignis bezog. Effi las es und errötete. Dann ging sie auf Innstetten zu, um ihm zu danken, aber eh sie dies konnte, flog, nach altpommerschem Weihnachtsbrauch, ein Julklapp in den Hausflur: eine große Kiste, drin eine Welt von Dingen steckte. Zuletzt fand man die Hauptsache, ein zierliches, mit allerlei japanischen Bildchen überklebtes Morsellenkästchen, dessen eigentlichem Inhalt auch noch ein Zettelchen beigegeben war. Es hieß da:

Drei Könige kamen zum Heiligenchrist,
Mohrenkönig einer gewesen ist; –
ein Mohrenapothekerlein
erscheinet heute mit Spezerein,
doch statt Weihrauch und Myrrhen, die nicht zur Stelle,
bringt er Pistazien- und Mandel-Morselle.

Effi las es zwei-, dreimal und freute sich darüber. »Die Huldigungen eines guten Menschen haben doch etwas besonders Wohltuendes. Meinst du nicht auch, Geert?«
»Gewiss meine ich das. Es ist eigentlich das einzige, was einem Freude macht oder wenigstens Freude machen sollte. Denn jeder steckt noch so nebenher in allerhand dummem Zeuge drin. Ich auch. Aber freilich, man ist, wie man ist.«
Der erste Feiertag war Kirchtag, am zweiten war man bei Borckes draußen, alles zugegen, mit Ausnahme von Grasenabbs, die nicht kommen wollten, »weil Sidonie nicht da sei«, was man als Entschuldigung allseitig ziemlich sonderlich fand. Einige tuschelten sogar: »Umgekehrt; gerade deshalb hätten sie kommen sollen.« Am Silvester war Ressourcenball, auf dem Effi nicht fehlen durfte und auch nicht wollte, denn der

Ball gab ihr Gelegenheit, endlich einmal die ganze Stadtflora beisammen zu sehen. Johanna hatte mit den Vorbereitungen zum Ballstaate für ihre Gnäd'ge vollauf zu tun, Gieshübler, der, wie alles, so auch ein Treibhaus hatte, schickte Kamelien, und Innstetten, so knapp bemessen die Zeit für ihn war, fuhr am Nachmittage noch über Land nach Papenhagen, wo drei Scheunen abgebrannt waren.

Es war ganz still im Hause. Christel, beschäftigungslos, hatte sich schläfrig eine Fußbank an den Herd gerückt, und Effi zog sich in ihr Schlafzimmer zurück, wo sie sich, zwischen Spiegel und Sofa, an einen kleinen, eigens zu diesem Zweck zurechtgemachten Schreibtisch setzte, um von hier aus an die Mama zu schreiben, der sie für Weihnachtsbrief und Weihnachtsgeschenke bis dahin bloß in einer Karte gedankt, sonst aber seit Wochen keine Nachricht gegeben hatte.

»Kessin, 31. Dezember. Meine liebe Mama! Das wird nun wohl ein langer Schreibebrief werden, denn ich habe – die Karte rechnet nicht – lange nichts von mir hören lassen. Als ich das letzte Mal schrieb, steckte ich noch in den Weihnachtsvorbereitungen, jetzt liegen die Weihnachtstage schon zurück. Innstetten und mein guter Freund Gieshübler hatten alles aufgeboten, mir den Heiligen Abend so angenehm wie möglich zu machen, aber ich fühlte mich doch ein wenig einsam und bangte mich nach euch. Überhaupt, so viel Ursache ich habe, zu danken und froh und glücklich zu sein, ich kann ein Gefühl des Alleinseins nicht ganz loswerden, und wenn ich mich früher, vielleicht mehr als nötig, über Huldas ewige Gefühlsträne mokiert habe, so werde ich jetzt dafür bestraft und habe selber mit dieser Träne zu kämpfen. Denn Innstetten darf es nicht sehen. Ich bin aber sicher, dass das alles besser werden wird, wenn unser Hausstand sich mehr belebt, und das wird der Fall sein, meine liebe Mama. Was ich neulich andeutete, das ist nun Gewissheit, und Innstetten bezeugt mir täglich seine Freude darüber. Wie glücklich ich selber im Hinblick darauf bin, brauche ich nicht erst zu versichern, schon weil ich dann Leben und Zerstreuung um mich her haben werde oder, wie Geert sich ausdrückt, ein ‚liebes Spielzeug'. Mit diesem Wort wird er wohl recht haben, aber er sollte es lieber nicht gebrauchen, weil es mir immer einen kleinen Stich gibt und mich daran erinnert, wie jung ich bin und dass ich noch halb in die Kinderstube gehöre. Diese Vorstellung verlässt mich nicht (Geert meint, es sei krankhaft) und bringt es zuwege, dass das, was mein höchstes Glück sein sollte, doch fast noch mehr eine beständige Verlegenheit für mich ist. Ja, meine liebe Mama, als die guten Flemmingschen Damen sich neulich nach allem möglichen erkundigten, war mir zumut, als stünd' ich schlecht vorbereitet in einem Examen, und ich glaube auch, dass ich recht dumm geantwortet habe. Verdrießlich war ich auch. Denn manches, was wie Teilnahme aussieht, ist doch bloß Neugier und wirkt umso zudringlicher, als ich ja noch lange, bis in den Sommer hinein, auf das frohe Ereignis zu warten habe. Ich denke, die ersten Julitage. Dann musst du kommen, oder noch besser, sobald ich einigermaßen wieder bei Wege bin, komme *ich*, nehme hier Urlaub und mache mich auf nach Hohen-Cremmen. Ach, wie ich mich darauf freue und auf die

havelländische Luft – hier ist es fast immer rau und kalt –, und dann jeden Tag eine Fahrt ins Luch, alles rot und gelb, und ich sehe schon, wie das Kind die Hände danach streckt, denn es wird doch wohl fühlen, dass es eigentlich da zu Hause ist. Aber das schreibe ich nur *dir*. Innstetten darf nicht davon wissen, und auch dir gegenüber muss ich mich wie entschuldigen, dass ich mit dem Kinde nach Hohen-Cremmen will und mich heute schon anmelde, statt dich, meine liebe Mama, dringend und herzlich nach Kessin hin einzuladen, das ja doch jeden Sommer fünfzehnhundert Badegäste hat und Schiffe mit allen möglichen Flaggen und sogar ein Dünenhotel. Aber dass ich so wenig Gastlichkeit zeige, das macht nicht, dass ich ungastlich wäre, so sehr bin ich nicht aus der Art geschlagen, das macht einfach unser landrätliches Haus, das, so viel Hübsches und Apartes es hat, doch eigentlich gar kein richtiges Haus ist, sondern nur eine Wohnung für zwei Menschen, und auch das kaum, denn wir haben nicht einmal ein Esszimmer, was doch genant ist, wenn ein paar Personen zu Besuch sich einstellen. Wir haben freilich noch Räumlichkeiten im ersten Stock, einen großen Saal und vier kleine Zimmer, aber sie haben alle etwas wenig Einladendes, und ich würde sie Rumpelkammer nennen, wenn sich etwas Gerümpel darin vorfände; sie sind aber ganz leer, ein paar Binsenstühle abgerechnet, und machen, das Mindeste zu sagen, einen sehr sonderbaren Eindruck. Nun wirst du wohl meinen, das alles sei ja leicht zu ändern. Aber es ist nicht zu ändern; denn das Haus, das wir bewohnen, ist … ist ein Spukhaus; da ist es heraus. Ich beschwöre dich übrigens, mir auf diese meine Mitteilung nicht zu antworten, denn ich zeige Innstetten immer eure Briefe, und er wäre außer sich, wenn er erführe, dass ich dir das geschrieben. Ich hätte es auch

nicht getan, und zwar umso weniger, als ich seit vielen Wochen in Ruhe geblieben bin und aufgehört habe, mich zu ängstigen; aber Johanna sagt mir, es käme immer mal wieder, namentlich wenn wer Neues im Hause erschiene. Und ich kann dich doch einer solchen Gefahr oder, wenn das zu viel gesagt ist, einer solchen eigentümlichen und unbequemen Störung nicht aussetzen! Mit der Sache selber will ich dich heute nicht behelligen, jedenfalls nicht ausführlich. Es ist eine Geschichte von einem alten Kapitän, einem sogenannten Chinafahrer, und seiner Enkelin, die mit einem hiesigen jungen Kapitän eine kurze Zeit verlobt war und an ihrem Hochzeitstage plötzlich verschwand. Das möchte hingehn. Aber was wichtiger ist, ein junger Chinese, den ihr Vater aus China mit zurückgebracht hatte und der erst der Diener und dann der Freund des Alten

war, der starb kurze Zeit danach und ist an einer einsamen Stelle neben dem Kirchhof begraben worden. Ich bin neulich da vorübergefahren, wandte mich aber rasch ab und sah nach der andern Seite, weil ich glaube, ich hätte ihn sonst auf dem Grabe sitzen sehen. Denn ach, meine liebe Mama, ich habe ihn einmal wirklich gesehen, oder es ist mir wenigstens so vorgekommen, als ich fest schlief und Innstetten auf Besuch beim Fürsten war. Es war schrecklich; ich möchte so was nicht wieder erleben. Und in ein solches Haus, so hübsch es sonst ist (es ist sonderbarerweise gemütlich und unheimlich zugleich), kann ich dich doch nicht gut einladen. Und Innstetten, trotzdem ich ihm schließlich in vielen Stücken zustimmte, hat sich dabei, so viel möchte ich sagen dürfen, auch nicht ganz richtig benommen. Er verlangte von mir, ich solle das alles als Alten-Weiber-Unsinn ansehn und darüber lachen, aber mit einem Mal schien er doch auch wieder selber daran zu glauben und stellte mir zugleich die sonderbare Zumutung, einen solchen Hausspuk als etwas Vornehmes und Altadliges anzusehen. Das kann ich aber nicht und will es auch nicht. Er ist in diesem Punkt, so gütig er sonst ist, nicht gütig und nachsichtig genug gegen mich. Denn dass es etwas damit ist, das weiß ich von Johanna und weiß es auch von unserer Frau Kruse. Das ist nämlich unsere Kutscherfrau, die mit einem schwarzen Huhn beständig in einer überheizten Stube sitzt. Dies allein schon ist ängstlich genug. Und nun weißt du, warum *ich* kommen will, wenn es erst soweit ist. Ach, wäre es nur erst so weit. Es sind so viele Gründe, warum ich es wünsche. Heute Abend haben wir Silvesterball, und Gieshübler – der einzige nette Mensch hier, trotzdem er eine hohe Schulter hat oder eigentlich schon etwas mehr –, Gieshübler hat mir Kamelien geschickt. Ich werde doch vielleicht tanzen. Unser Arzt sagt, es würde mir nichts schaden, im Gegenteil. Und Innstetten, was mich fast überraschte, hat auch eingewilligt. Und nun grüße und küsse Papa und all die andern Lieben. Glückauf zum neuen Jahr.

Deine Effi.«

Aus dem Roman »Effi Briest«

Silvesternacht

1898

Das Dorf ist still, still ist die Nacht,
die Mutter schläft, die Tochter wacht,
sie deckt den Tisch, sie deckt für zwei,
und sehnt die Mitternacht herbei.

Wem gilt die Unruh? Wem die Hast?
wer ist der mitternächt'ge Gast?
Ob ihr sie fragt, sie kennt ihn nicht,
Sie weiß nur, was die Sage spricht.

Die spricht: Wenn wo ein Mädchen wacht
um zwölf in der Silvesternacht,
und wenn sie deckt den Tisch für zwei,
gewahrt sie, wer ihr Künft'ger sei.

Und hätt' ihn nie gesehn die Maid,
und wär' er hundert Meilen weit,
er tritt herein und schickt sich an,
und isst und trinkt, und scheidet dann. –

Zwölf schlägt die Uhr, sie horcht erschreckt,
sie wollt', ihr Tisch wär' ungedeckt;
es überfällt sie Angst und Graun,
sie will den Bräutigam nicht schaun.

Fort setzt der Zeiger seinen Lauf,
niemand tritt ein, sie atmet auf,
sie starrt nicht länger auf die Tür –
Herr Gott, da sitzt er neben ihr.

Sein Aug' ist glüh, blass sein Gesicht,
sie sah ihn all ihr Lebtag nicht,
er blitzt sie an und schenket ein
und spricht: »Heut Nacht noch bist du mein.

Ich bin ein stürmischer Gesell',
ich wähle rasch und freie schnell,
ich bin der Bräut'gam, du die Braut,
und bin der Priester, der uns traut.«

Er fasste sie um – ein einz'ger Schrei,
die Mutter hört's und kommt herbei;
zu spät, verschüttet liegt der Wein,
tot ist die Tochter und – allein.

Silvester

»Gott zum Gruße, Herr Silvester,
Allerliebster, Allerbester,
sind Sie endlich angelangt,
hat's mich doch, dass Sie erfroren
oder Ihren Weg verloren,
Gott sei Dank umsonst gebangt.

Freund, Sie sind wie stets willkommen,
abgelegt und Platz genommen,
hier ein Glas vom besten Wein; –
nun, wozu dies Zieren, Zaudern?!
Haben vieles zu beplaudern
und da gilt es munter sein!

Ja, jetzt sind Sie guter Laune,
mit der Bitte drum vom Zaune;
doch vor allem: schenket ein!
Von dem einen zu dem andern
lassen wir die Flaschen wandern
dorten mit Champagner-Wein.

Wenn Sie heut das Jahr, das alte,
dass es ewge Ruhe halte,
zu den Vätern heimgebracht,
wenn Sie, tief im Strom der Zeiten,
auf den Friedhof es geleiten,
retten Sie mir eine Nacht.

Jene Nacht, wo meine bleiche
eingesargte Liebesleiche
wie erwachend sich geregt,
wo ich sie lebendig schaute,
bis sie, als der Morgen graute,
wieder sich zur Ruh' gelegt.

Jene Nacht, wo das Erscheinen
Vandas, wo ihr reuig Weinen
meine Liebe fast erweckt;
könnte je sie wiederkehren,
könnte sie mich je bekehren,
dass kein Traumbild mich geneckt.

Dann …« doch ach, die Worte stocken,
denn es künden alle Glocken
in der Runde: Mitternacht;
und, mein werter Herr Silvester,
meiner Freunde allerbester
hat sich auf den Weg gemacht.

Dennoch sei dem braven Jungen
ganz allein dies Lied gesungen,
da er seines Freunds gedacht;
denn ich hab' nach wenig Stunden
schon mein Liebchen wiederfunden
reuig in der Neujahrsnacht.

Kleines Eisabenteuer

Zwei Jahre später, Anfang Januar '32, hatten wir wieder ein am Strom spielendes Ereignis. Aber diesmal war es keine Sturmflut, sondern ein kleines Eisabenteuer. Die Tage nach Weihnachten waren ungewöhnlich milde gewesen und das Eis, das schon Anfang Dezember das Haff überdeckt hatte, hatte sich wieder gelöst und trieb in großen Schollen, die übrigens den Bootverkehr nach der Insel Wollin hinüber nicht hinderten, flussabwärts dem Meere zu. Silvester war wie herkömmlich gefeiert worden und für den zweiten Januar stand ein neues Vergnügen in Sicht, von dem ich mir ganz besonders viel versprach: mein Freund Wilhelm Krause, der schon als Schüler und Pensionär des bekannten Direktors v. Klöden die Gewerbeschule besuchte, musste am dritten Januar wieder in Berlin sein und seitens seines Vaters, des Kommerzienrats, war mit einigen Freunden verabredet worden, dem liebenswürdigen Jungen bis nach dem jenseitigen Ufer hinüber, von wo dann die Fahrpost ging, das Geleit zu geben. In einem sichren Eisboote wollte man, zwischen den Schollen hindurch, die Partie machen, alles in allem acht Personen: erst zwei Bootsleute, dann der Kommerzienrat und sein Sohn, dann Konsul Thompson und Sohn und schließlich mein Vater und ich. Ich freute mich ganz ungeheuer darauf. Einmal weil es was Apartes war und nicht minder, weil eine glänzende Verpflegung in Aussicht stand. Es verlautete nämlich, dass drüben im

Fährhause gefrühstückt und wir drei Jungens mit Eierpunsch und holländischen Waffeln regaliert werden sollten. Ich nahm mir vor, weil mir dies männlicher erschien, mich ausschließlich an den Eierpunsch zu halten, blieb aber später nicht auf der Höhe dieses Entschlusses. Um neun sollte das Boot von »Krausens Klapp« abgehen. Wir waren auch alle pünktlich da, nur das Boot nicht, und als wir eine Weile gewartet, erfuhren wir, wovon uns übrigens der Augenschein bereits überzeugt hatte, dass der über Nacht eingetretene starke Frost die Schollen zum Stehen gebracht und die kleinen Wasserläufe dazwischen mit Eis überdeckt habe. Das hätte nun nichts auf sich gehabt, im Gegenteil, wenn nur die Eisdecke um einen Zoll dicker gewesen wäre; sie war aber sehr dünn und so standen wir vor der Erwägung, ob ein Überschreiten des Flusses überhaupt möglich sei. Der Kommerzienrat, dem daran lag, keine Schulversäumnis eintreten zu lassen, war entschieden für das kleine Wagnis und als die in langen Pelzjacken dastehenden Bootsleute dies erst sahen, meinten sie sofort auch ihrerseits, »es werde schon gehen und wenn was passiere, so wäre es auch so schlimm nicht … ein bisschen nasskalt …« – »Ja, Kinder«, sagte Thompson, »wie denkt ihr euch das eigentlich? Das heißt doch so viel wie reinfallen und da hat man seinen Schlag weg, man weiß nicht wie. Oder die Eisscholle schneidet einem den Kopf ab.«

»Ih, Herr Konsul, so schlimm wird es ja woll nich kommen.«

»Ja, so schlimm wird es ja woll nich kommen … das klingt ganz gut, aber daraus kann ich mir keinen Trost nehmen. Oskar …«, und dabei nahm er seinen Jungen bei der Schulter, »wir zwei

bleiben hier; Onkel Krause ist ein Windhund, der kann es riskieren. Und du, Bruder, wie steht es mit dir?«

Diese Schlussworte richteten sich an meinen Vater, der ohne Weiteres erklärte, Thompson habe recht. In diesem Augenblick aber traf ihn ein so wehmütiger Blick aus meinen Augen, dass er ins Lachen kam und hinzusetzte: »Nun gut, wenn der Kommerzienrat dich mitnehmen will, meinetwegen … ich bin der Schwerste von euch allen … und von Verpflichtung kann keine Rede sein, eher das Gegenteil …« Und bei diesem Entscheide blieb es.

Einer der Bootsleute, mit einem acht oder zehn Fuß langen Brett auf der Schulter und einem Tau um den Leib, ging vorauf, an dem nachschleifenden Tauende aber hielt sich der Kommerzienrat mit der Linken, während er seinen Jungen an der andern

Hand führte; gleich dahinter folgte der zweite Bootsmann, ähnlich ausgerüstet, aber statt des Taues mit einer Eispicke, daran ich mich hielt. So ging es los. Es war zauberhaft und wohl eigentlich nicht sehr gefährlich. Die beiden Bootsleute waren immer vorauf und erfüllten mich mit dem angenehmen Gefühl, »wenn die überfrorne Stelle den Bootsmann getragen hat, *dich* trägt sie gewiss.« Und das war richtig. Freilich kamen Stellen, wo der Strom so stark ging, dass nicht einmal Schülbereis das Wasser bedeckte, aber solche freie Strömung war immer nur zwischen zwei verhältnismäßig naheliegenden Eisschollen, sodass das Brett, das der Bootsmann trug, vollkommen ausreichte, einen Übergang von einer Scholle zur anderen zu schaffen. War er drüben, so reichte er mir die lange Pikenstange oder richtiger hielt die Stange so, dass sie mir als ein Geländer diente. Kurzum, ich empfand nur so viel von Gefahr, wie nötig war, um den ganzen Vorgang auf seine höchste Genusshöhe zu heben und als ich, nach dem Frühstück drüben, wieder glücklich zurück war, betrat ich das Bollwerk wie ein junger Sieger und schritt in gehobener Stimmung auf unser Haus zu, wo meine Mutter, die von einem sehr erregten Gespräch zu kommen schien, schon im Flur stand und mich erwartete. Sie küsste mich mit besonderer Zärtlichkeit, dabei immer vorwurfsvoll nach dem Vater hinübersehend, und fragte mich, ob ich noch etwas wolle.

»Nein,« sagte ich, »es gab Eierpunsch und Waffeln und ich wollte auch welche für die Geschwister mitbringen; aber mit einem Male gab es keine mehr.«

»Ich weiß schon. Du bist Deines Vaters Sohn.«

»Da hat er ganz gut gewählt«, sagte mein Vater.

»Meinst Du das wirklich, Louis?«

»Nicht so ganz. Es war nur eine façon de parler.«

»Wie immer.«

Aus »Meine Kinderjahre«

Neujahr 1871

Das alte Jahr – vom Turm hat's ausgeklungen,
auf horcht im Traum der Dohlen dunkle Schar,
und klirrend sind die Pforten aufgesprungen
(wie Waffen klirr'n) von einem neuen Jahr;
ein Trennungsschnitt ist wieder eingedrungen
in das, was sein wird, und in das, was war,
und eh' wir Wunsch und Bitte vorwärts schicken –
was läg' uns näher, als zurückzublicken?

In welch ein Jahr! Es ruht das stille Schaffen,
der Dinge schönes Gleichmaß ist gestört,
vom Rhein zum Niemen klingt es: »Zu den Waffen!
Das Unrecht schreit, die Schmach ist unerhört!« –
Und bis zu *dieser* Stunde kein Erschlaffen
seit jenem Tag von Weißenburg und Wörth:
In jedem Kampf aufs Neue ruhmbereichert,
was ward seit Spichern alles aufgespeichert!

Dreimal vor Metz, in ungeheurem Ringen,
auf, ab die Mosel fing das Ernten an,
bis an der Maas in eisernem Umschlingen
Deutschland den Ehr- und Erntekranz gewann;
an dieses Kranzes blut'gen Ähren hingen
Armeen: dreimalhunderttausend Mann,
gefangen all! Ein Kaiser ging verloren,
ein andrer: Kaiser Weißbart, ward geboren.

Das alte Jahr, in Kampf und Mut und Streben
hat's uns gefeit, gewappnet und gestählt –
du neues Jahr, o woll' auch *das* noch geben,
das Eine noch, das uns allein noch fehlt:
Lass jenen Ölzweig zu uns niederschweben,
auf den ein jedes Herz jetzt hofft und zählt,
zu allem, was das alte Jahr beschieden,
du neues Jahr, o gib uns Frieden, Frieden!

Theodor

Am 30. Dezember 1819 wird Theodor Fontane in Neuruppin geboren.

1827   Umzug der Familie nach Swinemünde.

1832   Eintritt in das Gymnasium zu Neuruppin.

1836   Beginn der Apotheker-Lehrzeit in Berlin.

1839   Die erste Novelle »Geschwisterliebe« erscheint in der

        Zeitschrift »Berliner Figaro«.

1841   Tätigkeit als Apothekergehilfe in Leipzig und
        Dresden.

1842   Rückkehr nach Letschin. Mitarbeit in der väterlichen
        Apotheke.

1844   Erste Reise nach England.

1847	Approbation als Apotheker erster Klasse.
1848	Teilnahme an den Barrikadenkämpfen in Berlin. Anstellung im Krankenhaus Bethanien.
1849	Beginn des Wirkens als freier Schriftsteller.
1850	Heirat mit Emilie Rouanet-Kummer.
1851	Geburt des ersten Sohnes.
1852	Korrespondent in London.
1855	Beginn des mehrjährigen Aufenthaltes in London.
1859	Rückkehr nach Berlin.

Fontanes Geburtshaus in Neuruppin heute

Fontane-Raum im Märkischen Museum mit Fontanes Schreibtisch

1862	Beginn der Arbeiten an den »Wanderungen durch die Mark Brandenburg«, die bis 1882 in 4 Bänden erscheinen.
1864	Reise nach Schleswig Holstein und Dänemark.
1870	Beginn des Wirkens als Theaterrezensent für die Vossische Zeitung.
1872	Umzug in die Potsdamer Straße 134c in Berlin.
1874	Italienreise mit seiner Frau.
1878	Roman »Vor dem Sturm« erscheint.
1880	Roman »Grete Minde« erscheint.
1883	Roman »Schach von Wuthenow« erscheint.
1888	Roman »Irrungen, Wirrungen« erscheint.
1893	Roman »Frau Jenny Treibel« erscheint.
1895	Beginn der Arbeit am »Stechlin«.
1896	Roman »Effi Briest« erscheint.
1897	Beendigung des »Stechlin«.
1898	Fontane stirbt am 20. September in Berlin.

Bildverzeichnis

S. 68/69: © malinkaphoto/Fotolia

S. 71: © alinamd/Fotolia

S. 76/77: Neumarkt mit Frauenkirche in Dresden © eyetronic/Fotolia

S. 81: © by-studio/Fotolia

S. 86/87: Französischer Dom in Berlin © AR Pictures/Fotolia

S. 93: Lehnitzsee bei Potsdam im Winter © Alfred Sonsalla/Fotolia

S. 97: Winter im Spreewald © Marco/Fotolia

S. 98/99: Französischer Platz mit Brandenburger Tor in Berlin © neirfy/Fotolia

S. 101: Weihnachtsmarkt in Potsdam, Brandenburger Straße © picture alliance/ZB - Fotoreport

S. 107: Berliner Weihnachtsmarkt © licht75/Fotolia

S. 108/109: Dresden Brühlsche Terasse © rudi1976/Fotolia

S. 119: Kloster Chorin in Brandenburg © campix/Fotolia

S. 120: Marienkirche in Berlin © Maurice Tricatelle/Fotolia

S. 123: © Evgeniya/Fotolia

S. 124/125 + 126 © picture alliance/akg-images